T0283047

Cervantes o la crítica de la lectura

Carlos Fuentes

Cervantes o la crítica de la lectura

Cervantes o la crítica de la lectura

Primera edición: agosto, 2023

D. R. © 1976, Carlos Fuentes y Herederos de Carlos Fuentes

D. R. © 2023, derechos de edición mundiales en lengua castellana:
Penguin Random House Grupo Editorial, S. A. de C. V.
Blvd. Miguel de Cervantes Saavedra núm. 301, 1er piso,
colonia Granada, alcaldía Miguel Hidalgo, C. P. 11520,
Ciudad de México

penguinlibros.com

ISBN: 978-607-383-375-2

Impreso en México – *Printed in Mexico*

A mis hijos, Carlos Rafael y Natascha

La totalidad dialéctica comprende la creación del conjunto y de la unidad, de las contradicciones y su génesis. Sólo por la interacción de las partes se elabora la totalidad.

KAREL KOSIC,
Dialéctica de lo concreto.

Advertencia

Nuestra relación con España es como nuestra relación con nosotros mismos: conflictiva. Y de parejo signo es la relación de España con España: irresuelta, enmascarada, a menudo maniquea. Sol y sombra, como en el ruedo ibérico. La medida del odio es la medida del amor. Una palabra lo dice todo: pasión.

Un trauma se encuentra en el origen de la relación entre México y España: el hecho de la conquista. Qué terrible conocimiento: el del instante mismo de nuestra gestación, con todas sus ternuras y crueldades contradictorias; qué intensa conciencia: la de la hora en que fuimos creados, hijos de madre sin nombre, anónimos nosotros mismos pero conocedores del nombre de nuestro terrible padre; qué magnífico dolor: nacer sabiendo cuánto debió morir para darnos el ser: el esplendor de las antiguas civilizaciones indígenas. España, padre cruel: Cortés. España, padre generoso: Las Casas.

Tardamos tres siglos en ganar nuestro nombre, nuestra estirpe y en reivindicar, al mismo tiempo que la independencia mestiza, a nuestra madre. A fin de reencontrar a España, México debió, primero, reencontrarse a sí mismo a través de las luchas por la independencia política y en seguida por la independencia económica; contra sucesivas invasiones, y mutilaciones territoriales; mediante una búsqueda constante de nuestra identidad nacional, mestiza, heredera a la vez de la civilización indígena y de la civilización española: la reforma de Juárez, la revolución de Zapata y el Estado nacional de Cárdenas: México, al reconocerse, acabó por reconocer su auténtica herencia española y defenderla con la pasión de quien ha rescatado a su padre de la incomprensión y del odio.

Hoy, de nuevo, la historia de España se acerca a un instante crítico, inflamable, en el que la totalidad de las latencias, cabos sueltos y sólidos fantasmas de un pasado omnipresente vuelven a presentar, en tumulto, sus boletos de entrada ante la puerta estrecha del coso.

La experiencia republicana y democrática, brutalmente frustrada por el golpe fascista y la intervención extranjera, busca recuperar en la organización política una alternativa, desviada por treinta y cinco años de represión hacia las tendencias informes del anarquismo y el individualismo: «En mi hambre, mando yo». La tapadera de la dictadura provoca el hervor del nihilismo; la olla destapada, a su vez, puede provocar el peligro de una nueva intervención extranjera. El «doble Dunquerque» norteamericano en Vietnam y Camboya hace concebir a muchos estrategas de los EE. UU. una nueva política limítrofe, enunciada como un «perímetro de defensa», más allá del cual resultaría intolerable eso que nuestros empresarios privados llaman «derecho natural a la propiedad», y que en la política exterior de Washington se ha concebido como un derecho natural de propiedad sobre las naciones de su esfera de influencia. De China en 1949 a Indochina en 1975, se habla de la «pérdida» de países que, naturalmente, debían pertenecerles a los EE. UU.

No es difícil manejar a la opinión pública norteamericana, explotando el insólito sentimiento de una primera y doble derrota militar, a fin de obtener un consenso nacional a favor de la defensa de un cierto «perímetro de defensa» que, por lo demás, es hoy corolario de las políticas de détente, *condominio y esferas de influencia. La extraordinaria paradoja de esta situación es que el reflujo aislacionista puede coexistir, perfectamente, con la decisión de intervenir por la fuerza a fin de demostrar que los EE. UU. no son ni tigre de papel ni gigante con pies de arcilla. La reciente aventura del* Mayaguez *parece comprobarlo.*

Winston Churchill, fabricante de frases lapidarias, llamó un día a las riberas del Mediterrá-

neo norte «el bajo vientre blando de Europa». En otras palabras: golpear a los países del Mediterráneo europeo es dar golpe bajo, fácil, doloroso y contrario a las reglas del Marqués de Queensberry. Perímetro de defensa, vientre blando de Europa, teoría del dominó: Portugal, España, Italia, Yugoslavia, Grecia, Turquía... La geopolítica neometternichiana bien puede engolosinarse con estas visiones. Sólo la unión orgánica de todas las fuerzas democráticas de España puede asegurar que no fructifiquen, restándoles por igual el pretexto de un vacío anárquico o la necesidad pretextada de un franquismo sin Franco.

En todo caso, cuanto suceda en esa otra mitad de nuestra vida y de nuestra herencia que es España, no puede sernos indiferente a los mexicanos. Nuestros traumas respecto a España han sido superados, en gran medida, gracias a hechos políticos: la solidaridad de Lázaro Cárdenas con la República, la generosa acogida a la inmigración, nuestra gratitud por la riqueza de trabajo y pensamiento que los republicanos españoles aportaron a México y, en fechas más recientes, la claridad e insistencia con que Luis Echeverría ha valorado nuestra herencia española.

Esta tradición política es inseparable de una labor intelectual que ahonde en la naturaleza de nuestra relación con España. Hemos dado la espalda con demasiada facilidad a ese espejo de silencios que es nues-

14

tra historia colonial. *Por fortuna, los grandes trabajos de Alfonso Reyes, Carlos González Peña, Edmundo O'Gorman, Silvio Zavala y Gabriel Méndez Plancarte, entre otros, han mantenido viva una preocupación que, ahora, habrá de manifestarse con particular lucidez y pasión en los ensayos que Octavio Paz prepara sobre los tres siglos de nuestra segunda conciencia.*

El texto que he titulado Cervantes o la crítica de la lectura *reúne, reelabora y unifica textos que antes utilicé para mi conferencia inaugural como miembro de El Colegio Nacional, durante un coloquio celebrado en el Woodrow Wilson International Center for Scholar en Washington, D.C., con motivo de la Hackett Memorial Lecture en la Universidad de Texas (Austin) y en la serie de artículos titulada «Tiempo Hispánico», publicada en las columnas de* El Sol de México. *Aunque el tema central es Cervantes y su obra, no por ello dejo de revisar aquí, a guisa de recordatorio en un momento límite de la historia española, diversos aspectos de la vida de España en la época que, históricamente, se* inscribe *entre 1499 y 1598 y, literariamente, se* escribe *entre dos fechas que recogen el pasado, radican el presente y anuncian el futuro: la publicación de* La Celestina *en 1499 y la del* Quijote *en 1605.*

C.F.

I

Una vez, escuché en España la opinión según la cual Cervantes y Colón serían gemelos espirituales. Ambos murieron sin darse cuenta cabal de la importancia de sus descubrimientos. Colón creyó que había llegado al Lejano Oriente navegando hacia el Occidente; Cervantes pensó que sólo había escrito una sátira de las novelas de caballería. Ninguno de los dos imaginó que había desembarcado en los nuevos continentes del espacio —América— y de la ficción —la novela moderna.

La visión extrema de un Cervantes ingenuo se refleja en otra, igualmente extrema: el autor de *Don Quijote* era un consumado hipócrita que supo disfrazar sus constantes ataques contra la Iglesia y el orden establecido bajo el manto de la locura de su ingenioso hidalgo, sin dejar de profesar constante y pública fidelidad al catolicismo romano y sus instituciones.

¿Ingenuidad o disimulo? ¿Los propósitos de Cervantes nunca sobrepasaron el menguado límite de la sátira de las novelas de caballería? ¿O es el *Quijote* una novela escrita en el «lenguaje de Esopo»? Ninguna gran novela se escribe sobre ecuaciones perfectamente calculadas. Los *a prioris* del novelista tienden a borrarse a medida que la obra adquiere autonomía y emprende su vuelo propio. Esto es igualmente cierto en Cervantes, Stendhal o Dostoyevski. Las abiertas intenciones satíricas del *Quijote* son, más bien, irónicas por naturaleza, sólo una faceta del múltiple juego de espejos que el autor prontamente establece cuando, después de la primera salida de Don Quijote, Cervantes pone en duda la génesis autoral del libro. No es concebible que Cervantes, después de escribir los primeros capítulos de su novela, descubriese la que habría de ser su esencia misma —la crítica de la lectura— sin incluir en (o excluir de) la sátira de la épica caballeresca la intención mayor del libro y permitiéndole, en cambio, subsistir como el principio ingenuo que habría de guiar todo su desarrollo.

Cervantes, sin duda, era un hombre de su tiempo, un voraz lector y autodidacta que escribió su obra maestra en la etapa final de su vida, cuando era dueño de una conciencia perfectamente clara de las realidades de ese tiempo. El hijo de médico fracasado, desde niño peregrino en su patria española, ciertamente discípulo del erasmista español Juan López de Hoyos, inciertamente estudiante en las aulas de Salamanca; el joven autor de versos fúnebres que llamaron la atención en la corte de Felipe II y que de la corte viajó a Roma en el séquito del cardenal Acquaviva; el ayuda de cámara del cardenal transformado en soldado en la hora gloriosa de Lepanto, donde perdió el uso de una mano durante el decisivo combate naval contra los turcos; el cautivo de los moros en Argelia durante cinco largos años; el apremiado comisionado de víveres para la Invencible Armada que exigió demasiado a los clérigos andaluces y fue, por ello, excomulgado; el incompetente recaudador de impuestos que dos veces dio con sus huesos en la cárcel a causa de su mala aritmética; el viejo, pobre y triste autor de una novela concebida detrás de los barrotes y con cuyas magras regalías apenas pudo pagar deudas acumuladas: sin duda, digo, este hombre era consciente del contexto cultural e histórico de la Europa de fines del siglo XVI e inicios del XVII, y particularmente de las realidades de España como fortaleza de la Contrarreforma.

Ironía, más que ingenuidad; conciencia, más que hipocresía. Pero más allá de estas categorías (y acaso conteniéndolas todas) está el autor de *Don*

Quijote: el fundador de la novela europea moderna. Y más allá de la biografía y de la historia está *Don Quijote* mismo, el libro, el hecho estético que altera profundamente las tradiciones de la lectura y de la escritura en relación con la cultura que precedió al tiempo de Cervantes, la cultura que le tocó vivir y, desde luego, la cultura que habría de sucederle.

El propósito del presente ensayo es reflexionar sobre los factores mediatos e inmediatos que, subjetiva y objetivamente, consciente e inconscientemente, ingenua e irónicamente, hipocrítica y críticamente, se dieron cita en las páginas de *Don Quijote* a fin de ofrecernos, en definitiva, una nueva manera de leer el mundo: una crítica de la lectura que se proyecta desde las páginas del libro hacia el mundo exterior; pero, también y sobre todo, y por vez primera en la novela, una crítica de la creación narrativa contenida dentro de la obra misma: crítica de la creación dentro de la creación.

II

En *El arco y la lira,* Octavio Paz define a la novela como «la épica de una sociedad en lucha consigo misma». Si en su origen la palabra «novela» significa «portadora de novedades», no es la menor de ellas esta extrañeza: una épica crítica y contradictoria. Como indica Paz, en la épica clásica pueden combatir dos mundos, el sobrenatural y el humano, pero esa lucha no implica ambigüedad alguna. «Ni Aquiles ni el Cid dudan de las ideas, creencias e instituciones de su mundo… El héroe épico nunca es rebelde y el acto heroico generalmente tiende a restablecer el orden ancestral, violado por una falta mítica.»

En la épica fidedigna concurren por lo menos tres características. La escritura y la lectura épicas son previas, unívocas y denotadas. Las tres pueden reducirse a un significado: la identidad entre la epopeya y el orden de la realidad en el que la épica se sustenta. Esa identidad es, además, una sanción del orden: el de la polis griega, el imperium romano o la civitas medieval. Forma y norma épicas coinciden totalmente: nada instruye entre el significante y el significado en *La Ilíada*, *La Eneida* o la *Canción de Rolando*.

El tema poético de la epopeya, como dice Ortega y Gasset, existe previamente de una vez para siempre: «Homero cree que las cosas acontecieron como sus hexámetros nos refieren; el auditorio lo creía también. Más aún: Homero no pretende contar nada nuevo. Lo que él cuenta lo sabe ya el público, y Homero sabe que lo sabe». De esta manera, la épica excluye la ruptura radical o el punto de partida inédito, la pretensión de originalidad, la re-escritura o la pluralidad de lecturas. La épica es un tribunal sin apelación.

Nada puede apartar a Penélope de su fiel caracterización y convertirla, como en la antiepopeya radical de Joyce, en una promiscua Molly Bloom. Y Odiseo no puede permanecer para siempre, arrebatado por el *amour fou*, en brazos de Circe: le esperan, debe regresar a Ítaca, el orden monógamo y patriarcal debe ser restaurado. Las diferencias que puedan surgir dentro de la normatividad épica son siempre diferencias denotadas: designan, indican, anuncian, son el signo visible de la normatividad que representan, constituyen su mensaje, la restauran si es violada. Troya ha caído y, como a Humpty Dumpty, nada podrá levantarla. Pero Eneas puede fundar otra ciudad y asegurar la continuidad y el orden de las civilizaciones.

Sin embargo, hay una diferencia entre la epopeya clásica y la épica medieval, y esa diferencia estriba, precisamente, en el carácter de la excepción a la norma. En la épica clásica, la diferencia de la norma se llama tragedia. La tragedia es la libertad que se equivoca. El error trágico, al purgarse, restablece, como dice Paz, «el orden ancestral, violado por una falta mítica». Edipo quebranta la norma de la interdicción del incesto; Medea, la que proscribe el infanticidio. Pero sus destinos trágicos (y nuestra respuesta catártica al verlos representados) restauran las normas y las fortalecen. Si Hegel está en lo cierto al afirmar que «el destino es la conciencia del yo, pero de un yo enemigo», entonces la tragedia es la memoria vivificada del ángel y de la bestia que coexisten en cada individuo y de la opción humana, proyectada hacia la esfera social, de desterrar el mal y de promover el bien. La normatividad de la virtud, en Grecia y en Roma, es un acto de fundación: la salud está en el origen, en un pacto normativo concluido en el alba aboriginal, intemporal y en consecuencia mítico: el mito como un eterno presente, eternamente renovable y externamente representable. El héroe trágico se purga de su «falta mítica» y restablece la norma fundadora; a través de nosotros, espectadores de la tragedia, limpia también a su sociedad y puede reintegrarse a ella mediante el recurso del teatro.

En la épica medieval, en cambio, no cabe la tragedia. La libertad que se equivoca se llama herejía y el error herético no puede ser admitido en un orden dirigido al final: la salud está en un futuro que es el más allá, el término del tiempo, cuando suene la trompeta, los justos sean salvados para siempre y los injustos, para siempre, condenados. Los orígenes del cristianismo se inscriben en la historia: la ruptura con el Antiguo Testamento y la Redención que sirve de fundamentación al Nuevo suceden en fechas precisas del calendario; Jesús nace durante el imperio de César Augusto y es crucificado durante el de Tiberio César. El reino de Cristo no se encuentra en el trágico pasado del paraíso perdido, sino en el futuro optimista del paraíso ganado.

La tragedia, nombre de la libertad equivocada en el mundo clásico, es la excepción a la norma épica y encuentra su expresión poética en *Edipo Rey* o *Medea*. El mundo medieval no ofrece algo comprable: las excepciones a la norma establecida por la *Canción de Rolando* o *El poema del mío Cid* no son escritas por la simple razón de que no son legibles. Y es que la épica medieval se inscribe en un orden donde las palabras y las cosas no sólo coinciden, sino que toda lectura es finalmente lectura del verbo divino: en escala ascendente, cuanto es termina por confluir en el ser y la palabra idénticos de Dios, causa primera, eficiente, final y reparadora de cuanto existe. La visión escolástica del mundo es unívoca: todas las palabras y todas las cosas poseen un lugar establecido, una función precisa y una correspondencia exacta en el orden cristiano. No hay lugar para lo equívoco. Las palabras de la *Summa Theologiae* y las del ciclo artúrico, por igual, significan lo que contienen y contienen lo que significan. El mundo feudal y escolástico se manifiesta a través de una heráldica verbal, ajena a toda idea de transformación. Los elementos de esa heráldica pueden enriquecerse, combinarse de mil maneras y someterse a los cuatro modos interpretativos enumerados por Dante en su carta a Can' Grande della Scala: literal, alegórico, moral y anagógico. Pero las cuatro vías de la hermenéutica cristiana conducen a una perspectiva jerárquica y unitaria, a una lectura única de la realidad.

Así, el triple criterio tomista de la belleza (proporción, integridad y claridad) supone una jerarquía de los fines y los medios: el valor positivo de un objeto estético se establece en una relación de dependencia global entre medios buenos y medios malos, fines buenos y fines malos. En Santo Tomás, la Belleza, el Bien y la Verdad integran una malla de relaciones inseparables. Un libro o una pintura cuyas finalidades son obscenas, mágicas o heréticas, son obras feas aunque sean perfectas: su finalidad depravada determina sus medios estéticos. Fuera de este canon, toda lectura es ilícita. O, para expresarlo con la perspectiva histórica empleada por Collingwood, «todas las personas y todos los pueblos se encuentran comprometidos en el proceso de actualización del propósito de Dios, y en consecuencia el proceso histórico es siempre y en todo lugar el mismo, y cada una de sus partes es parte de la misma totalidad». Cuando surge una oposición entre el propósito objetivo de Dios y el propósito subjetivo del hombre, añade Collingwood, «ello conduce inevitablemente a la idea de que las finalidades humanas carecen de importancia en el curso de la historia y de que la única fuerza que lo determina es la naturaleza divina».

Expulsada del orden divino, la herejía se vio obligada a convertirse en historia: la encarnación de las finalidades humanas opuestas a las de Dios. Y la historia, al cabo, sería el nombre moderno de los errores de la libertad. Herejía, originalmente, quiere decir *tomar para sí, escoger*. Es la falta de Pelayo en su combate con san Agustín. Al perseguir la idea pelagiana de que el hombre es libre para escoger su propio camino hacia la salvación mediante una liga inmediata con la abundante gracia de Dios, la Iglesia pensó correctamente que no hacía más que defender tanto su estructura jerárquica como su misión mediadora. Pero, ¿no ha sido siempre cierto que la persecución fortalece a los perseguidos? Si se les persigue, es porque importan. Abbie Hoffmann es conducido a un estudio de televisión. Alexandr Solzhenitsyn es conducido al exilio. No estoy de acuerdo con las ideas ni del yippie ni del místico eslavo. Sólo hago notar que éste es perseguido porque importa (o importa porque es perseguido) mientras que aquél ni es perseguido ni importa. El cristianismo, al perseguir la herejía, preparó el advenimiento de lo mismo que habría de minarlo: la crítica, el libre examen, el tomar para sí.

Quizás deba aclarar, a esta altura, que no poseo la arrogancia progresista indispensable para negar el magnífico florecimiento cultural que tuvo lugar en Europa entre los siglos XI y XV. Las catedrales de Chartres y Milán, las abadías de la Puglia y la Dordoña, los grandes centros de enseñanza de

27

Oxford y Boloña, las tapicerías de Bayeux y los vitrales de la Ste. Chapelle, los libros de horas y los libros de amor cortesano, la magnificencia urbana de Venecia y Toledo, se cuentan sin duda entre los más grandes logros del espíritu humano. Las constantes tensiones políticas entre el papado y los poderes temporales seguramente salvó al Occidente de la tradición despótica que la fusión de los poderes espiritual y temporal (el cesaropapismo) estableció en el Oriente. Intento, simplemente, indicar el carácter de la norma ortodoxa para la lectura del mundo durante la Edad Media, sin ignorar los pluralismos heterodoxos que se agitaban y hervían y supuraban en el foso que rodeaba la sólida fortaleza del orden medieval ortodoxo, central y triunfalista. Esto es importante para la comprensión de Cervantes, puesto que vivió y escribió en la época de la Contrarreforma, cuando todas las rigideces de la ortodoxia medieval fueron subrayadas hasta la caricatura y todos sus méritos habían, para entonces, perecido.

III

Las tradiciones heterodoxas que minaron los fundamentos del orden medieval se extienden desde lo aceptablemente debatible (el nominalismo, por ejemplo) hasta lo francamente perseguible (las herejías valdense o cátara), pasando por lo meramente sospechoso (la escatología de Joaquín de Flora, el averroísmo latino de Siger de Brabante). Quienes, secreta o abiertamente, desafiaron la heráldica verbal de la Edad Media ofrecieron, como rasgo común, una visión contrastante de las metamorfosis genésicas.

Los herejes certificados propusieron los extremos de la transfiguración en contra de los dogmas unitarios de la Iglesia. Los docetistas aseguraban que el cuerpo humano de Cristo no era sino un fantasma; los sufrimientos y la muerte de Cristo fueron meras apariencias: si sufrió, no era Dios; si era Dios, no pudo sufrir. Saturnilio y el gnosticismo sirio mantuvieron que sólo hubo un Padre, totalmente Desconocido, quien al venir al mundo como Salvador, es un salvador increado, incorpóreo e informe: sólo su apariencia es humana, a fin de que los demás puedan reconocerle. Basílides y los gnósticos egipciacos propusieron que el Padre jamás había nacido y nunca tuvo nombre; Cristo sólo fue una partícula de la mente del Padre y no murió en la cruz: un hombre llamado Simón de Cirene tomó su lugar en el Gólgota y murió en nombre suyo. Cristo fue simplemente un espectador de la crucifixión (o, como diría Joyce, de la crucificción).

El gnosticismo judaizante de Cerintio y los ebionitas se nutrió de la convicción de que Jesús era el hijo carnal de María y José; María no era virgen. Sólo en el momento del bautizo descendió Cristo, en forma de paloma, sobre la cabeza de Jesús y a partir de ese momento, guió sus acciones. Pero en el acto final del Calvario, la paloma voló de regreso a los cielos y abandonó a Jesús, de nuevo un mero mortal, al sufrimiento y la muerte. El patripasianismo monarquianista deriva su fascinante nombre de la creencia en que Dios es uno e indivisible. El Padre se introdujo en el cuerpo de María, nació de ella y sufrió y murió en la cruz: los hombres crucificaron a Dios Padre. Los sabelianos juraron que Padre, Hijo y Espíritu Santo son el mismo Ser: un Dios único con tres manifestaciones temporales diferentes. Los seductivos arrianos, bajo cuya magia cayeron muchos reyes godos de España, percibían al Hijo como mera afluencia, proyección o co-increación del Padre, derivada de la sustancia de éste. Los apolinarios dualistas defendieron la existencia de dos Hijos, uno de Dios el Padre y el otro de María la mujer. El nestorianismo llevó aun más lejos esta teoría de la doble personalidad: Jesucristo, realmente, es dos personas: uno, el Hombre; otro, el Verbo. Es posible distinguir entre las acciones del Hombre Jesús y las palabras del Dios Cristo.

Esta estirpe de herejes, al re-escribir el dogma, multiplicaron el punto de vista sobre asuntos propios de la vida y personalidad de Cristo, la Trinidad y el Pankreator. La sumaria revisión de sus teorías bastaría, acaso, para asegurarles un lugar como los verdaderos novelistas de la Edad Media. Su reciclaje de las verdades inconmovibles de la Iglesia no es demasiado diferente de lo que muchos escritores contemporáneos (Ítalo Calvino, John Barth, Juan Goytisolo, John Gardner, Guy Davenport, Tom Stoppard, incluso Gore Vidal en relación con los Padres Fundadores de los EE. UU. y *The Seven-Per Cent Solution* en relación con la mitología de Sherlock Holmes) hacen: reelaborar antiguas creencias o historias menos lejanas en los moldes de la metamorfosis.

Detrás de la fachada unificada de la Iglesia de Roma existía una diversidad en fermento. Pero además de las teorías, había los muy peligrosos actos, desde la simple brujería hasta los movimientos mesiánicos encabezados por surtidos heresiarcas y «reyes tahúres» que, so capa de la expectación quiliástica, condujeron a los pobres, los insatisfechos, los neuróticos, los rebeldes y los soñadores de la Europa medieval a la actualización concreta de la herejía: *toma para ti*. «Los cofres de los ricos están llenos; los de los pobres, vacíos. Hueco está el vientre del pobre… ¡Derrumbad a hachazos la puerta del rico! Vamos a cenar con él. Mejor ser diezmados, todos juntos, que morir de hambre; preferimos arriesgar con valor nuestras vidas que perecer de esta manera», exclamó el poeta Suchenwirt, citado por Norman Cohn en *The Pursuit of the Millenium*. Flagelantes y begardas, Hermanos del Libre Espíritu, Cruzadas de los Pobres, cátaros, valdenses y adamitas: su mesianismo y su «truculencia proletaria» (Cohn) es sólo el anuncio de que, dándole la espalda a la Iglesia y a su lectura unívoca del mundo, Europa se embarcaba rumbo al océano de las mareas y tensiones multidireccionales de la historia.

Las fuerzas liberadas por estas turbulencias centrífugas que azotaban los fundamentos de la ortodoxia medieval se hubiesen agotado y aniquilado entre sí de no ser por el hecho que les dio una realidad irrecusable: la revolución científica. Al dogma escolástico del punto de vista único corresponde otro dogma, no por común menos firme: la tierra es el centro del universo; el planeta del hombre es un cuerpo estacionario alrededor del cual giran, obedientes, los demás astros. Como la sociedad medieval, la tierra no se mueve: se mueve, en honor de la tierra, el sol, y para favorecer la causa divina, Dios puede detener el curso del sol. Josué fue testigo.

Copérnico observa las revoluciones de las esferas y revoluciona el mundo del hombre: funda el mundo moderno, elimina la reconfortante seguridad del geocentrismo y la posibilidad de un punto de vista único o privilegiado. El universo se dilata; se desmorona la idea triunfante del cosmos como diseño emanado de la Deidad y reaparecen las ideas soterradas de Heráclito y los herejes: la realidad es un flujo de formas en perpetua transformación. El estudiante de Cracovia otorga a la heterodoxia y al pensamiento multidireccional el espacio que necesitaban. El centro desaparece de toda composición y se multiplican las visiones, en sentido estricto, herejes: la visión de la realidad deja de ser única e impuesta jerárquicamente; se escoge la realidad, se escogen las realidades. Las fuerzas centrífugas sobrepasan a las centrípetas. Pico della Mirandola introduce las enseñanzas de la Cábala y del Zohar judíos y su concepto del mundo mutante y recreable; Marsilio Ficino traduce el cuerpo de escritos herméticos atribuidos a Trismegisto, el antiguo sabio egipcio, así como el *Asclepio* con su vibrante exclamación: «¡Oh Asclepio, qué gran milagro es el hombre, un ser digno de reverencia y honor!». Los hermetistas pronuncian lo impensable: el hombre es Divino.

¿Y cuál es la realidad de este nuevo hombre? Marsilio Ficino la establece de un plumazo: «Todo es posible. Nada debe ser desechado. Nada es increíble. Nada es imposible. Las posibilidades que negamos son sólo las imposibilidades que desconocemos». Nicolás de Cusa, el más agudo observador de la disolución de la escolástica medieval y del nacimiento de la sensibilidad humanista, indica que, en cada cosa se actualiza el todo y el todo está en cada cosa, pues cada cosa es un punto de vista diverso sobre el universo; las perspectivas posibles son infinitas y la realidad tiene carácter multidireccional. Giordano Bruno ve al universo animado por una tendencia incesante a la metamorfosis: cada ser posee en sí mismo el germen de formas futuras que son la garantía de su carácter infinito.

En el año de 1600, en vida de Miguel de Cervantes Saavedra, Bruno es quemado por la Inquisición en Roma. En 1618, dos años después de la muerte del novelista español, la Iglesia condena oficialmente el sistema copernicano. Y en 1633, Galileo es obligado a renunciar a sus ideas ante el Santo Oficio. El cardenal Bellarmino dicta los términos de la abjuración: «Todos convienen en exponer *ad literam* que el sol está en el cielo y gira en torno a la Tierra con gran velocidad, y que la Tierra está en el centro del mundo, inmóvil». Galileo muere en 1642. Es el mismo año del nacimiento de Isaac Newton.

IV

Sólo hay una manera de ver un icono bizantino: la frontal. Su espacio plano se concibe idéntico a la imagen divina que, siendo única, en todas partes es la misma y existe en su totalidad. El contraste entre la iconografía medieval y, digamos, los frescos de Luca Signorelli en Orvieto, no puede ser mayor. Las figuras y los espacios de Signorelli giran, fluyen, se transforman, se dilatan: su espacio es figurativo y los lugares pintados diferentes. En el icono no hay más tiempo o más espacio que los de la revelación. En Signorelli sólo hay tiempo o, más bien, un tiempo inasible en lucha con un espacio, como el universo mismo, en dilatación. La novedad es tan espantosa que el pintor, huérfano melancólico, se ve obligado a transformar ese tiempo y ese espacio en los del fin de todo tiempo y todo espacio: el apocalipsis, el juicio final. Negándola, Signorelli se apoya en la normatividad épica de la realidad medieval.

Épica, entonces, significa normatividad, lectura única, escritura única. Lo que Signorelli sugiere en el arte de la pintura es específicamente cierto en el arte de la escritura. Si es cierto que en la literatura no se repite el milagro del génesis, sino que toda obra escrita se apoya en formas previas, más que comenzar prolonga y más que formar transforma, entonces lo interesante es considerar, en primer lugar, cómo se apoya la escritura en una forma previa. Si el nuevo texto respeta la norma de la forma anterior, la escritura sólo introduce diferencias denotadas que contribuyen a la norma de la lectura única. *La Divina Commedia* es el máximo ejemplo, el ejemplo de genio, de este tipo de operación; cualquier *best-seller* novelístico de hoy, por esos que se leen entre dos estaciones del metro, es el ejemplo más triste de la misma: se trata de meras bastardizaciones del folletón decimonónico.

Pero si el nuevo texto no respeta esa normatividad y la trasgrede, no para reforzarla, no para restaurar ejemplarmente el orden violado, sino con el avieso propósito de romper la identidad entre significante y significado, de quebrantar la lectura única e instaurar en el abismo así abierto una nueva figura literaria, la escritura introducirá una diferencia connotada. Creará un nuevo campo de relaciones, opondrá la pasión al mensaje normativo, criticará y superará la epopeya en la que se apoya, vulnerará la exigencia de conformidad de la lectura épica. Petrarca y su visión de Laura son, quizás, el primero y mejor ejemplo en apoyo de esta interpretación connotativa.

Petrarca opone una de las grandes fuerzas motivadoras del Renacimiento —el aquí y el ahora— al punto de vista abstracto, eterno y unificado de la Edad Media. Como dice O. B. Hardison en su hermoso ensayo sobre Petrarca, «La vida es importante; la experiencia fugitiva de la belleza, el amor y la vitalidad son importantes; este momento particular y esta particular mujer, enmarcados en esta particular mezcla de luz y sombra, son importantes: más importantes que todos los silogismos de los filósofos y todas las piedades de los escolastas».

Es natural que en el primer poeta renacentista las tensiones de dos órdenes diferentes del pensamiento y la vida se presenten de manera muy aguda. Pues la lucha interna de Petrarca es entre un orden de abstracciones y un orden de concreciones, entre la tendencia anterior a explicarlo todo mediante referencias a símbolos escalonados en virtud de su lejanía o cercanía del Ser Supremo y la tendencia, que él inaugura, a sustituir la explicación por la aprehensión inmediata de las cosas y las personas. Y el objeto de esa inmediatez lírica, como todos saben, es una mujer —Laura—, un día de abril de 1327, un instante fugaz:

> Bendito el día, y bendito el mes, el año,
> La primavera, la hora, bendito el instante
>   mismo,
> Bendito el hermoso lugar donde por primera vez
>   la vi…
> Y bendito el pensamiento…
> Que sólo a ella regresa, pues sólo de ella llegó.
>
> *(Soneto 47)*

Esta inmediatez de la pasión distingue a Petrarca de los trovadores pero también le separa del pensamiento cristiano (y, específicamente, augustiniano) que percibe al mundo como ilusión y reflejo mediatizado de verdades reveladas, eternas y pre-existentes a la experiencia humana. Para Petrarca, la realidad es inmediatamente aprehensible y luego, dramáticamente, objeto de una memoria desvelada. El mundo no es ilusorio, pero sí fugitivo. Petrarca es el primer poeta moderno porque lo que escribe no ilustra, alegórica, anagógica, moral o literalmente, verdades anteriores a su experiencia, sino que regresa una y otra vez a la experiencia personal y de ella vuelve a partir, recreándola, revisándola, defendiéndola de la tentación abstracta.

No obstante, esta nueva escritura de la connotación no sólo critica y supera la épica que la nutrió, vulnerando así la conformidad del modo anterior de lectura: su libertad estará para siempre urdida con el orden del cual se liberó. Como lo explica Hardison, Laura «entra y sale asombrosamente del mundo de la abstracción». A cada instante, está a punto de convertirse en una figura alegórica: Dafne, la Dama de la Verdad, la Virgen María, el símbolo de la Poesía perseguida por Apolo. «Es todas estas cosas porque el hábito mental heredado por Petrarca consistía en explicarlo todo en función de una serie de abstracciones. Pero más allá de todos estos símbolos y mitos y abstracciones, sigue siendo Laura, la que desintegra los mitos y las abstracciones.» La visión de Petrarca es la visión de la realidad sitiada por las abstracciones y venciéndolas una y otra vez, mediante un dulce, atormentado y profano regreso a ese año, ese mes, ese día, ese lugar, esa hora, en que por primera vez vio a Laura. La mujer concreta no preexiste, alegóricamente, a la visión directa del amante. Laura es todo, pero no es nada sin ese instante privilegiado, fugitivo y actual.

41

Los argumentos de Hardison encajan perfectamente con la definición de la escritura connotativa como una transgresión de la norma previa que, sin embargo, requiere el apoyo de lo mismo que está violando. Las novelas escritas en España en la época de Cervantes obviaron este problema. Las narraciones pastoriles y las novelas de caballería son puramente denotativas: son prolongaciones anacrónicas del orden medieval, celebraciones del pasado. Las novelas picarescas, en cambio, son radicalmente connotativas. *Lazarillo de Tormes, Guzmán de Alfarache* y *El diablo cojuelo* le arrancan la máscara a la épica y marcan su rostro sin facciones con la usura del tiempo, las heridas de la duda y las cicatrices de la renovación.

A pesar de su refrescante realismo, las novelas picarescas no entablan verdadera contienda con los problemas mayores de la imaginación moderna y sus ambiguas relaciones con el pasado. Consagración del presente, la picaresca contiene una brutal negación de lo anterior. Su devoción hacia lo actual, sin embargo, es insuficiente y el antihéroe picaresco lo sabe. Capturado en el puro presente, el pícaro lo agota y termina en un callejón sin salida, presa del desaliento. La aventura del pícaro no termina ni con un estallido ni con un sollozo (el *bang* y el *whimper* de Eliot), sino con un pequeño encogimiento de hombros. El presente en sí no basta: para ser un presente pleno, requiere un sentido del pasado y una imaginación del futuro. Pero esto no cabe dentro del carácter picaresco.

Así, el dilema subsiste, y nadie lo protagoniza (o resuelve) mejor que Cervantes. Situado entre las brillantes armaduras de Amadís de Gaula y los harapos y tretas de Lazarillo de Tormes, Cervantes los presenta y reúne: el héroe épico es Don Quijote, el pícaro realista es Sancho Panza. Don Quijote vive en un pasado remoto, en juicio desvelado y perdido por la lectura de demasiadas novelas de caballería; Sancho Panza vive en el presente inmediato, y sus únicas preocupaciones son las del sobrevivir cotidiano: ¿qué vamos a comer, dónde vamos a dormir?

Gracias a este encuentro, Cervantes fue capaz de ir más allá de la consagración del puro pasado y de la consagración del puro presente a fin de plantearse el problema de la fusión de pasado y presente. La naturaleza ambigua de esta fusión convierte a la novela en un proyecto crítico. El pasado —la ilusión que Don Quijote tiene de sí mismo como un caballero andante de siglos remotos— ilumina al presente —el mundo concreto de ventas y caminos, muleros y sirvientas—; y el presente (la dura vida de los hombres y mujeres que luchan por sobrevivir en un mundo injusto, cruel y feo) ilumina el pasado (los ideales quijotescos de justicia, libertad y una Edad de Oro de abundancia e igualdad). Sancho, constantemente, intenta radicar a Don Quijote en la realidad del presente; pero Don Quijote, constantemente, eleva a Sancho a la aventura mítica en pos de la ínsula que el escudero habrá de gobernar.

El genio de Cervantes consiste en traducir estos opuestos a términos literarios, superando y fundiendo los extremos de la épica de caballería y la crónica realista dentro de un conflicto particularmente agudo de la gestación verbal. En este sentido, Cervantes carece de ilusiones: lo que está haciendo, lo está haciendo con palabras y sólo con palabras. Pero él sabe que las palabras, en su mundo, son el único sitio de encuentro de los mundos. En *Don Quijote,* lejos de ampararse en la anacronía o en la actualidad, aparecen por vez primera la grandeza y la servidumbre ambiguas de la novela moderna: ruptura del orden épico que reprimía las posibilidades de la ficción narrativa, la novela de Cervantes, como la pintura de Signorelli, debe apoyar su novedad en lo mismo que intenta negar y es tributaria de la forma anterior que se instala en el corazón de la novedad confusa como una exigencia de orden, de normatividad.

De esta manera, la gestación del lenguaje se convierte en realidad central de la novela: sólo mediante los recursos del lenguaje puede librarse el tenso e intenso combate entre el pasado y el presente, entre la renovación y el tributo debido a la forma precedente. Cervantes no sólo encara este problema en *Don Quijote:* lo resuelve y supera sus contradicciones porque es el primer novelista que radica la crítica de la creación dentro de las páginas de su propia creación, *Don Quijote.* Y esta crítica de la creación es una crítica del acto mismo de la lectura.

Es una maravillosa experiencia leer este libro a sabiendas de que fue escrito en la infancia de la imprenta, en la época en que un público lector nacía en Europa y la lectura única de volúmenes únicos laboriosamente caligrafiados por manos monacales y destinados a los ojos de una minoría privilegiada era derrotada por la coincidencia victoriosa del pensamiento crítico, la expansión capitalista y la reforma religiosa. Es una maravillosa experiencia leerlo hoy, cuando el acto de la lectura ha sido condenado al basurero de la historia por los melancólicos profetas del milenio electrónico, minuciosamente asistidos por los escritores de lo ilegible: el lenguaje del anunciante, el tartamudeo acronímico del burócrata y el clisé satisfecho del *best-seller* sensacionalista.

Cervantes, en verdad, no sufrió una situación comparable a la de nuestro tiempo; pero tampoco se benefició de los vientos de renovación que crearon la Europa moderna. Era un hombre supremamente consciente tanto de la energía, el flujo y las contradicciones del Renacimiento como de la inercia, la rigidez y la falsa seguridad de la Contrarreforma. Le tocó en suerte nacer en la España de Felipe II, el bastión mismo de la ortodoxia. Pero acaso sólo un español de su época pudo haber escrito el *Quijote*.

En su ensayo sobre *La persecución y el arte literario,* Leo Strauss sugiere que «la influencia de la persecución sobre la literatura es que obliga a todos los escritores con puntos de vista heterodoxos a desarrollar una técnica particular: la técnica de la escritura entre líneas». El Concilio de Trento había sido particularmente enérgico en su exigencia de que toda materia impresa fuese estrechamente vigilada. Incluso las soporíficas novelas pastoriles fueron denunciadas desde los pulpitos de España como una amenaza contra la castidad de las doncellas, invocando las palabras del Concilio: «Los libros que tratan de cosas lascivas u obscenas no deben leerse ni enseñarse».

Cuando Don Quijote, famosamente, exclama, «Con la iglesia hemos topado, Sancho», no hay confusión posible ni identificación alguna de la iglesia con los gigantes, encantadores y otras criaturas de la imaginación del hidalgo. Cervantes está hablando de una realidad tangible y sabe de qué está hablando. El manuscrito original de la novela ejemplar de Cervantes, *El celoso extremeño,* termina con los amantes en el lecho, unidos carnalmente. Pero después de que el arzobispo de Sevilla, el cardenal Fernando Niño de Guevara, leyó el original, «los ángeles de la Contrarreforma», como dice Américo Castro, agitaron sus alas sobre los malhadados amantes. En la versión publicada de esta novela ejemplar, la pareja duerme unida en perfecta castidad. Cervantes atendió las indicaciones de Su Eminencia.

Es preciso regresar a uno de los puntos de partida. ¿Fue Cervantes, como opina el propio Castro en su libro sobre el pensamiento del autor del *Quijote,* un gran disimulador «que recubrió de ironía y habilidad opiniones e ideas contrarias a las usuales»? De haberlo sido, como en seguida admite Castro, su caso no sería muy distinto del de otros escritores sorprendidos en plena playa renacentista por la marea reaccionaria de la Contrarreforma: Campanella, Montaigne, Tasso y Descartes, para no mencionar el ejemplo más dramático de todos: Galileo.

Si nos atenemos al texto del *Quijote,* es imposible decir que Cervantes el ingenuo no sabía lo que hacía o que Cervantes el hipócrita sabía más de lo que decía. El texto nos habla de un escritor inmerso en un extraordinario combate cultural, en una operación crítica sin paralelo para salvar lo mejor de España de lo peor de España, los rasgos vivos del orden medieval de sus rasgos muertos, las promesas del Renacimiento de sus peligros. Es al nivel de la crítica de la creación dentro de la creación y de la estructuración de la crítica como una pluralidad de lecturas posibles, y no en la parquedad de la ingenuidad o la hipocresía, como Cervantes da respuesta al monolitismo de la España mutilada, encerrada, vertical y dogmática que sucede a la derrota de la rebelión comunera y al Concilio de Trento.

V

De manera cierta, el presente ensayo es una rama de la novela que me ha ocupado durante los pasados seis años, *Terra Nostra*. Las tres fechas que constituyen las referencias temporales de la novela bien pueden servir para establecer el trasfondo histórico de Cervantes y *Don Quijote:* 1492,1521 y 1598.

El primero es el año decisivo de la historia de España: los judíos son expulsados, cae Granada, Nebrija publica su *Gramática* y a Castilla y Aragón, Nuevo Mundo da Colón.

Después de nueve siglos de confrontación, coexistencia y cointegración entre las culturas cristiana e islámica, la última plaza fuerte de los moros, Granada, es vencida por los reyes católicos, Fernando e Isabel. La expulsión final de los moros será decretada por Felipe III en 1609. Pero, de hecho, desde 1492 la primera monarquía unificada de España había decidido mutilar la herencia árabe de una cultura que Fernando e Isabel sólo concebían a la luz de su propia necesidad política: la unidad, una unidad puesta por encima de cualquier otra consideración. Frágil unidad, puesto que iba en contra de la extrema tendencia faccionalista de los reinos medievales y del regionalismo igualmente extremoso de catalanes, vascos, asturianos, gallegos, castellanos y aragoneses.

Fernando e Isabel propusieron la religión católica y la pureza de la sangre como medidas absolutas de unidad. La Reina Católica, en una carta al papa, admitió que había sido causante «de grandes calamidades en villas, provincias y reinos», pero que sus acciones debían disculparse pues sólo las inspiraba «el amor a Cristo y a Su Santa Madre». La Fe se constituyó en la disculpa de todo acto de necesidad política. Y la ley consideró verdaderos españoles sólo a «los cristianos viejos, limpios de toda mancha o raza maligna». Semejantes disposiciones inmediatamente convirtieron en objeto de sospecha, no sólo a la cultura arábiga, sino a la cultura judía de España.

El segundo acto del año 1492 fue el decreto de expulsión de los judíos y, a fin de supervisar, perseguir y, de ser necesario, exterminar a judíos y conversos, la débil Inquisición medieval, dependiente del papa y los obispos, fue transformada en poderosa arma bajo las órdenes directas de los reyes católicos. La Inquisición se robusteció a medida que extendió su persecución, no sólo contra los infieles, sino también contra los conversos. De esta manera, trazó un círculo verdaderamente vicioso. Frenó la conversión y obligó a los supervivientes de la comunidad judía a adoptar actitudes más intolerantes que las de los propios inquisidores a fin de comprobar su celo ortodoxo. La paradoja suprema de esta situación sin salida es que los judíos conversos fueron los principales perseguidores de su propio pueblo y los más fieles defensores del orden monolítico. El primer Inquisidor General de Castilla y Aragón, Tomás de Torquemada, era un judío converso.

Pero la política de Fernando e Isabel no sólo se guió por consideraciones religiosas. Era su intención, asimismo, aumentar el patrimonio real mediante la expropiación de los bienes de la casta más industriosa de España. Resulta verdaderamente irónico que los beneficios inmediatos recibidos por la corona unificada no fueron sino mendrugos en comparación con lo que, mediata e inmediatamente, perdió. En 1492, la población total de España era de siete millones de habitantes. De este total, sólo medio millón eran judíos y conversos. Sin embargo, más del 30% de la población *urbana* era de origen judío. El resultado fue que, un año después del edicto de expulsión, las rentas municipales de Sevilla descendieron en un tercio y que Barcelona, desprovista de su burguesía judía, hubo de anunciar la quiebra del banco municipal.

La expulsión combinada de judíos y moros, en efecto, significó que España se privó de los talentos y servicios que más tarde necesitaría, desesperadamente, a fin de mantener su estatura imperial. Los judíos eran los doctores y cirujanos de España, al grado que Carlos V, en 1530, felicitó a un estudiante de la Universidad de Alcalá por ser «el primer hidalgo de Castilla que obtiene título de medicina». Los judíos eran los únicos recaudadores de impuestos y los principales contribuyentes del reino. Eran los banqueros, los comerciantes, los prestamistas, la cabeza de lanza de la naciente clase capitalista de España. Durante la Edad Media, habían sido los intermediarios entre los reinos cristianos y moros, los almojarifes o recaudadores de hacienda de los múltiples reyes cristianos que, incesantemente, repetían que sin su burocracia judía, sus finanzas se derrumbarían. Los judíos sirvieron como embajadores, funcionarios públicos y administradores del patrimonio real. De hecho, asumieron las obligaciones que la nobleza española siempre desdeñó, considerándolas indignas de su calidad de hidalgos. Esto significó que, después del edicto de 1492, los judíos conversos debieron disimular o abandonar sus ocupaciones tradicionales, puesto que éstas les estigmatizaban públicamente como gente de «sangre impura».

Muchas de las consideraciones anteriores también son válidas en lo referente a la relación con las comunidades arábigas. Los musulmanes fueron los grandes trabajadores manuales de España. Baste recordar que nuestra palabra *tarea* es una palabra árabe.

Américo Castro adopta este punto de vista filológico para observar que la mayor parte de las palabras españolas relativas a los hechos de contar, medir, comer, irrigar y construir son de origen árabe. ¿Quién construye y qué construye? Albañil. Alcázar. Alcoba. Azotea. ¿Cómo se irriga la tierra? Acequia. Aljibe. Alberca. ¿Qué comemos? Azúcar, arroz, naranjas, limones, alcachofas, todos nombres árabes de productos introducidos en Europa por los árabes. Incluso cuando el español grita *¡Olé!* en la plaza de toros, está empleando una palabra árabe: *¡Wallah!* Castro llega a la conclusión de que «las virtudes de trabajo (de los moros) y la riqueza económica que aquéllas significaban fueron sacrificadas por la monarquía española, para la cual riqueza y bienestar nada valían frente al honor nacional fundado sobre la unidad religiosa y el señorío del poder regio».

La historia se repite, pero en España la segunda vez no se repite como farsa; vuelve a ser tragedia. La reconquista de Andalucía por Fernando III en el siglo XIII se tradujo, no sólo en la ruina de Andalucía, sino de la propia Castilla, súbitamente privada de los beneficios complementarios de la economía y la mano de obra musulmanas. Al tomar Valencia en 1238, Jaime I de Aragón se cuidó de repetir el error de Fernando y conservó, para beneficio de su reino, la economía agrícola morisca. Todo en vano; la expulsión definitiva de los 300 000 moriscos españoles por Felipe III en 1609 habría de acarrear la ruina de las clases medias de Valencia y Aragón y una depresión económica generalizada en la España de Cervantes, la picaresca y los validos del rey.

La mutilación impuesta a España por los Reyes Católicos y continuada por sus sucesores no fue, sin embargo, sólo una catástrofe económica. También engendró un trauma histórico y cultural del cual España no acaba de recuperarse. La singularidad de España deriva del hecho de que es la única nación del Occidente donde tres creencias y tres culturas distintas, la cristiana, la judía y la islámica, se fertilizaron mutuamente durante más de nueve siglos. El mestizaje físico y espiritual de las tres castas es un hecho ampliamente ilustrado por la diversidad de categorías mixtas dentro de la sociedad medieval española. Los mozárabes eran cristianos que habían adoptado la cultura musulmana. Los mudéjares, moros que vivían como vasallos de los reyes cristianos. Los muladíes, cristianos que adoptaban la fe de Islam. Los tornadizos, moros convertidos al cristianismo. Y los enaciados vivían a caballo entre las dos religiones, y eran utilizados como espías por moros o cristianos debido a sus talentos bilingües. Los judíos, que habían sido perseguidos por los visigodos, ayudaron a los primeros invasores árabes de la península en el siglo VIII y se integraron a la cultura de Al Andalus, donde se convirtieron en maestros de la lengua árabe, en ministros, embajadores, doctores y aun en visires del Califato. A raíz de la brutal invasión almorávide del siglo XI los judíos fueron perseguidos por los moros y buscaron refugio en tierras cristianas, a donde transmitieron valores y formas de vida moriscos. Por otra parte, los invasores musulmanes llegaron a Al Andalus sin mujeres y se casaron con españolas. Una generación bilingüe (o trilingüe, si consideramos a quienes hablaban latín) hizo su aparición inmediatamente.

Américo Castro afirma que «lo más original y universal del genio hispánico toma su origen en formas de vida fraguadas en los 900 años de contextura cristiano-islámico-judaica». Este complejo intercultural, sin duda, fue dominado por la influencia de judíos y moros sobre cristianos, y no a la inversa. Al Andalus, en 712, era un reino bárbaro. Los árabes lo transformaron en un oasis de tierras irrigadas, jardines de placer, magnífica arquitectura y ciudades soberbias. En el siglo X, Córdoba era la ciudad más poblada del Occidente, con medio millón de habitantes. La España cristiana no tuvo ni un Averroes ni un Maimónides; nada ofreció comparable a la Mezquita de Córdoba o el palacio de Medina-al-Zahra. No debe asombrarnos que, como dice Castro, «La España medieval es el resultado de la combinación de una actitud de sumisión y de maravilla frente a un enemigo superior y del esfuerzo por superar esa misma posición de inferioridad».

Lo que sí es digno de asombro es que España, después de casi un milenio, se haya desangrado por decreto de las dos terceras partes de su ser. Sería, sin duda, una vasta empresa analizar las fecundaciones culturales de árabes y judíos en España. Debo limitarme a una visión panorámica del tema y a un número reducido de ejemplos, sobre todo los que poseen significación literaria.

A través de la España musulmana, las bóvedas de crucería de la arquitectura morisca fueron introducidas en Europa, donde habrían de convertirse en uno de los elementos característicos de la arquitectura gótica. A través de los moros de Andalucía, la música oriental monódica fue transformada en música coral y dotada de una tonalidad vivificada, un ritmo y una armonía que pronto serían recogidos por los trovadores y *minnesingers* del Occidente europeo. Los árabes reintrodujeron la filosofía griega en Europa, a través de España. Los textos clásicos habían sido traducidos al árabe durante el Califato de Bagdad; la Escuela de Toledo que, según Rénan, dividió en dos épocas definitivas al Medievo, los diseminó en el Occidente. La España Islámica significó ciencia, medicina, matemáticas y astronomía irradiadas desde Al Andalus hacia la España gótica y más allá de los Pirineos.

La influencia árabe sobre la narrativa se inicia en el siglo XI con la *Disciplina Clericalis* de Pedro Alfonso, una recopilación de cuentos y apólogos árabes; continúa en el siglo XII con la traducción de los cuentos indostánicos de *Calila y Dimna* y se perpetúa hasta el siglo XVII en *El Criticón* de Baltasar Gracián, basado, como todos saben, en narraciones de los moros aragoneses. Y la poesía lírica provenzal, así como el concepto mismo del amor casto (el *udri* árabe) derivan del *zéjel* morisco cultivado en Al Andalus por el poeta Ben Guzmán.

Lo que distingue claramente a todas estas formas de expresión árabes es su concepción sensual del arte: una concepción radicalmente ausente de las formas de la arquitectura y la poesía cristianas del Medievo español. Basta, en verdad, contrastar el austero y belicoso poema épico de la España cristiana, *El Cid,* con la primera gran mezcla española de realismo y alegoría, grosería y refinamiento, sinceridad autobiográfica y crítica social, *El libro de buen amor* del Arcipreste de Hita, publicado en 1330. *El libro* es nuestro *Canterbury Tales* y el Arcipreste, Juan Ruiz, es nuestro Chaucer. Pero la comparación no nos llevaría demasiado lejos. Lo esencial del *Libro,* como lo han hecho notar María Rosa Lida y Américo Castro, es que se trata de un producto de la influencia árabe, fundamentalmente de la gran autobiografía erótica del poeta andaluz Ibn Hazm, *El collar de la paloma,* escrita en 1022.

La traslación literal de párrafos, descripciones y temas de Ibn Hazm al Arcipreste de Hita es tan abundante que no cabría enumerarla aquí y ahora. Lo importante, me parece, es subrayar que *El libro,* por primera vez en español, baña la realidad cotidiana con un flujo erótico totalmente ajeno a la enajenación carnal típica de la épica cristiana. *El libro* de Juan Ruiz es una glorificación del placer personal como propósito verdadero de la vida. Al mismo tiempo, es una demostración práctica de que erotismo y religión pueden y deben coexistir. *El libro de buen amor* es un rechazo de la noción del pecado y una exaltación de la carne, la imaginación erótica y la sensualidad de la existencia. A través de sus espléndidas páginas, el mundo árabe del placer de los sentidos hace su aparición literaria en la España cristiana. *El libro de buen amor,* hijo de *El collar de la paloma,* es una Alhambra rumorosa y deleitosa instalada en el pétreo corazón del espectro por venir: la necrópolis de El Escorial.

Si la influencia árabe en la cultura española es la influencia de la sensualidad, la influencia judía es la de la inteligencia. Más aún; pienso que gracias a los intelectuales judíos la lengua española fue fijada y obtuvo dignidad literaria. Ambos aspectos del problema se reúnen, como es sabido, en la vasta empresa patrocinada por el rey Alfonso X, el Sabio, en el siglo XIII. Alfonso se rodeó de sabios judíos a fin de redactar la monumental summa que incluye la compilación legislativa de *Las siete partidas,* el tratado jurídico de *El fuero real.* Las dos grandes historias, la *Estoria de España* y la *General e gran estoria,* los tratados de astronomía, *Las tablas alfonsíes,* y el primer libro occidental sobre el juego árabe del ajedrez.

El propósito de esta extraordinaria obra de la inteligencia medieval era consignar todos los conocimientos de la época; el resultado sería una especie de enciclopedia *avant la lettre*. Pero el factor verdaderamente llamativo es que el rey de Castilla debió acudir a la inteligencia judía para realizar la tarea. Y no es menos significativo que este *brain-trust* judío haya insistido en que la obra se escribiese en español y no, como era entonces la costumbre académica, en latín. ¿Por qué? Porque el latín era la lengua de la cristiandad. Los judíos españoles querían que el conocimiento se difundiese en la lengua común a todos los españoles, cristianos, judíos o conversos. De su trabajo en la corte de Alfonso (como del *Abrigo* de Gogol en el caso de la escritura rusa) habría de salir la futura prosa de España. Dos siglos después de Alfonso, seguían siendo los judíos quienes empleaban la lengua vulgar para leer las Escrituras, comentarlas, escribir filosofía y estudiar astronomía. Puede decirse que los judíos fijaron y circularon el uso del español en España. No es sorprendente que este esfuerzo haya culminado en la obra maestra acaballada entre los mundos medieval y renacentista de España: *La Celestina*.

VI

La Celestina, en primer lugar, es una descortesía. Empleo la palabra en sentido estricto: el libro de Fernando de Rojas aparece como una decidida falta de respeto al estilo cortés de los escritos que lo preceden o que alcanzan su apogeo poco después de la primera publicación de la *Tragicomedia de Calisto y Melibea.* La hipérbole de la cortesía en la *Cárcel de amor* de Diego de San Pedro o en el *Amadís de Gaula* re-elaborado por Montalván es una autocelebración crepuscular: la degeneración se adivina por el exceso de la hipérbole. Nada más lejano a este estilo que el antihéroe de la Celestina, un caballero no menos ardiente y aristocrático que los héroes de las novelas sentimentales y de caballería, pero que, a diferencia de éstos, paga a una sórdida alcahueta para poseer a la amante, corrompe a los criados, viola el hogar de Melibea y la posee en secreto, a pocos pasos de la recámara de sus honorables padres.

Una obra tan rica, variada y temeraria como *La Celestina* no nació de la nada. Pero se corre el riesgo de sofocarla invocando sus obvias influencias literarias: podríamos remontarnos a la *Biblia,* las comedias de Plauto y Terencio, la intriga sentimental de Piccolómini y la prefiguración de la trotaconventos en las obras de los dos Arciprestes, el de Hita y el de Talavera. La singularidad de *La Celestina* es inseparable de la singularidad de su autor, el bachiller Fernando de Rojas, un joven estudiante de Salamanca, judío converso y dueño de una biblioteca de orientación humanista.

La Celestina, como todos saben, es una obra reticente, elaborada y reelaborada, indecisa entre el anonimato y la publicidad, apremiada de pretextos: es la obra de un hombre en conflicto, de un converso judío producto de su tiempo: la España del edicto de expulsión, y de su lugar: la Salamanca del Renacimiento español, sede de reflexiones y lecturas nuevas, incapaz por sí sola de ofrecer una alternativa al creciente centralismo de la corte, pero capaz, por el momento, de dar cabida a una cultura diversa, polémicamente humanista, abierta a las influencias renacentistas de la aprehensión directa de las cosas y a sus dos máximos exponentes: Petrarca y Boccaccio.

Esta conflictiva riqueza no es ajena a la naturaleza interna de la obra. Es más: la estructura es su novedad misma. Puede decirse que *La Celestina* es la primera obra moderna en la cual cobra cuerpo la reflexión interior sobre las acciones humanas, que más tarde, en formas diversas, culminará en las obras de Cervantes y Shakespeare. La novedad, moralmente azarosa y fugitiva, estéticamente firme, convencida y convincente, de *La Celestina*, es perceptible en su estructura. Suceden pocas cosas en *La Celestina;* los hechos son escasos; pero una vez acaecidos, o mientras suceden, son objeto de un intenso comentario por parte de los personajes; *La Celestina,* por primera vez en una narrativa que, típicamente, es ofrecida como teatro potencial, como verdadera tragicomedia del arte de narrar, va más allá de la exposición del hecho para convertir el hecho en reflexión, interpretación, exaltación, burla y resumen de sí mismo.

El pensamiento de los protagonistas en torno a los hechos constituye el centro de *La Celestina*. Los personajes se comentan, se estudian entre sí, se miran de reojo, se guardan las espaldas. Veo a los personajes de *La Celestina* como un doble coro: cada uno, coro de sí mismo y del principio de vida que encarna; y todos, al unísono, coro de un comentario sobre la debilidad humana, la pasión de la vida, y la cínica sabiduría de la tragicomedia urbana. Tragedia, porque la sentencia moral, tan abundante en la obra, no celebra un bien fijo, establecido, ortodoxo, sino que indica la fatal inminencia del fin y la constante ley del cambio. Comedia, porque el mundo de la cortesía y la nobleza aparece burlado y burlable, sí, pero también porque los propios burladores —la vieja Celestina, sus pupilas, los criados— no pueden salvarse de la burla suprema de la derrota y la muerte. El intenso vaivén de la obra, las idas y venidas, las visitas y las embajadas, las salidas y los regresos, el aspecto que podríamos llamar «itinerante» de la narración, adquieren al cabo el significado de una inmovilidad absurda: la muerte.

El movimiento tragicómico impuesto por el converso Fernando de Rojas a su obra es un movimiento vano, una dinámica del deseo inútil. Mientras más intenso se vuelve el trabajo del deseo, más reiterados sus caminos y más tenaces sus esfuerzos, más sórdidos, sutiles e ingeniosos sus fines, más risible y desmesurada aparece la presuntuosa fatiga del hombre: todos los personajes de *La Celestina*, nobles y plebeyos, construyen activamente el edificio de su propia ruina.

El tema del antihéroe como autor de su propia ruina es una constante de la novelística urbana y fue inventado por el converso español Fernando de Rojas siete años después de la conquista de Granada que unifica por primera vez a la civitas española, siete años después del edicto de expulsión de los judíos que priva a la sociedad hispánica de sus más avanzados fermentos de modernidad, y siete años después del descubrimiento de América.

Doble movimiento, pues, doble dispersión centrífuga a partir de la integración del primer poder centrípeto de España: fuga de los judíos hacia los centros comerciales, políticos e intelectuales que habrán de desafiar, con éxito, la pretensión española de hegemonía europea y mundial; y fuga del ímpetu individualista de España hacia el Nuevo Mundo. Los conquistadores de las Américas viajaron con los libros de caballerías, esos «libros de los valientes», como los llama Leonard, cuyas hazañas estaban, finalmente, al alcance del español común y corriente en las islas esmeralda del Caribe, en la meseta de polvo y piedra del Anáhuac, en las afiebradas selvas del Darién y en las arenosas costas del Perú. Mejor habrían hecho en llevar consigo *La Celestina* de Rojas.

El descubrimiento y las subsecuentes empresas de conquista y colonización del Nuevo Mundo fueron acciones típicamente renacentistas: una búsqueda de la verdad, del espacio, de la gloria y la ganancia personal. Los descubridores y conquistadores eran hombres cuyos orígenes sociales les negaban un lugar bajo los soles peninsulares. Eran ejemplares astutos, enérgicos, a menudo crueles, de la naciente voluntad burguesa de acción, riesgo, riqueza y afirmación individual. Ortega y Gasset ha indicado que la colonización española de las Américas fue acto típico de una nación en la que las grandes empresas de la historia nacen de masas indisciplinadas y portan un sello popular y colectivo. Ortega compara esta situación con la de la colonización inglesa, llevada a cabo por grupos minoritarios y consorcios económicos.

España no cabía en España. Un estudiante destripado en Salamanca e hijo de molineros empobrecidos, Cortés, conquistará el imperio azteca. Un porquerizo iletrado, Pizarro, vencerá al poderoso Inca. Los hidalgos del nuevo mundo saldrán de los campos yermos de Extremadura, las bullentes ciudades de Castilla y las pobladas prisiones de Andalucía. No obstante, esta vasta aventura que subraya tanto el carácter individual como el colectivo, se llevó a cabo en nombre de dos instituciones: la Corona y la Iglesia. Y una vez que las conquistas fueron consumadas, las instituciones impusieron su poder absoluto sobre los individuos y sobre las masas. Colón termina en cadenas, física y psíquicamente derrotado. Cortés termina pidiendo limosna al emperador Carlos V a fin de poder pagar a sus criados y a su sastre.

Más les habría valido leer *La Celestina* que el *Amadís de Gaula*. Pues, ¿qué hace Rojas sino desplazar los lugares comunes de la civilización cortés (el caballero y su dama) y de las columnas de la certeza (el señorío, la autoridad, el amor) para salir al encuentro de un mundo que repudia la cortesía, pone en tela de juicio la autoridad y genera situaciones humanas inciertas y vacilantes? En *La Celestina,* todos los perfiles tradicionales de los personajes se transforman en el encuentro con la ciudad, catalizadora de una nueva realidad histórica. La ciudad como relación de dinero, de clase, de oficio, vence a las grandes pasiones absolutas, a las virtudes y a los vicios ejemplares.

Calisto, en apariencia el protagonista de una pasión total e idealizada, al modo sentimental y caballeresco, pronto pierde los atributos de la aventura sublime y se interna en los laberintos de la simple compra y venta del amor. Melibea, en apariencia la heroína tradicional, recatada, hermosa, inaccesible, adquiere al cabo, si consideramos la totalidad de su relación erótica, un punto intenso de emancipación del núcleo familiar estrecho y protector y encarna una desesperada y única posibilidad de realizarse como mujer, pronto truncada por la muerte. Semejante ambigüedad crítica es propia del converso, el hombre conflictivo, perseguido, que se atreve a apartar las cortinas de las alcobas de la nobleza y ver a los hidalgos en cueros, capturados dentro de un radio de acción peculiarmente humano y ya no legendario, manteniendo las apariencias en público y comportándose como criados en privado.

Detrás de la lucidez crítica y narrativa de Fernando de Rojas, detrás del movimiento del deseo, la circulación de la ciudad, la burla del antiguo orden, la desilusión y la ruina de la novedad, se levanta la figura de la propia madre Celestina, uno de los personajes definitivos de la realidad literaria, la mujer que transita entre dos mundos, el de la realidad más puntual y el de la magia más inasible.

Celestina, anunciada por Sempronio como autoridad infalible en cuestiones de amor; invocada por Calisto como consoladora de los afligidos; situada por Pármeno en el centro de un portentoso tráfico de maquinaciones morbosas. Anunciada, invocada, situada por otros, cuando aparece vence todas las descripciones: su pericia rufianesca abarca la totalidad de la vida cotidiana, pero la supera con una dimensión tenebrosa y a la vez, doméstica; madre, negociante, maestra de la elocuencia

del náufrago urbano, trotera, picaza, urraca, alcahueta, dueña de las artes de la supervivencia, sier-
va de los deseos eróticos de sus amos, la Celestina se reserva, siempre, un papel intocable por el
orden social o por el accidente histórico: nadie
puede despojarla de su función sagrada de maga,
sibila secreta, protectora celosa de las verdades que
los hombres persiguen y prohíben porque temen
lo que el espejo de la hechicera refleja: la imagen
del origen, la visión mítica, fundadora, del alba de
la historia.

Esoterismo significa, precisamente, *eiso theiros,
yo hago entrar.* La Celestina, a todos los niveles, es
la introductora: de la carne en la carne, del pensamiento en el pensamiento, de la fantasía en la razón, de lo ajeno en lo propio, de lo prohibido en
lo consagrado, de lo olvidado en lo providencial,
del sueño en la vigilia, del pasado en el presente.

Vieja trotera de la realidad urbana, la Celestina
anuncia sin cesar la fatalidad del cambio: «Mundo es, pase, ande sin rueda. Ley es de fortuna que
ninguna cosa en un ser mucho tiempo permanece;
su orden es mudanza». Pero estas palabras, teñidas
con la resignación de la raza errante de Fernando
de Rojas, no logran ocultar, en su gran personaje,
la nostalgia de un origen: «Bien parece que no me
conociste hace veinte años. ¡Ay! Quién me vio y

quién me ve ahora, no sé cómo no quiebra su corazón de dolor!».

Las palabras de la trotaconventos son casi idénticas a las de las cartas de los judíos expulsados: «Bien sé que nací para descender, florecí para secarme, gocé para entristecerme, nací para morir, viví para crecer, crecí para envejecer, envejecí para morirme». Pero más allá del comentario social o la tragedia histórica, la Celestina es la engañada diosa del alba, la mujer despojada de sus atributos divinos, el Luzbel con faldas que pacta con los poderes infernales: «Conjúrote, triste Plutón, señor de la profundidad infernal, emperador de la corte dañada, capitán soberbio de los condenados ángeles, señor de los sulfúreos fuegos que los hirvientes étnicos montes manan, gobernador y veedor de los tormentos y atormentadores de las pecadoras ánimas… Yo, Celestina, tu más conocida Clientula, te conjuro:… vengas sin tardanza a obedecer mi voluntad, y en ella te envuelvas… y esto hecho, pide y demanda de mí tu voluntad».

El cambio social, de este modo, adquiere la resonancia de la metamorfosis mítica: la Celestina es la Circe de la ciudad moderna: «Vendrá el día que en el espejo no te reconocerás».

El converso Fernando de Rojas contrasta el movimiento realista de la ciudad moderna con el movimiento mítico de la ciudad fundadora: ambas son ciudades dolientes, urbes de la fuga, expulsión de los frágiles paraísos terrenos, nostalgia de la unidad fracturada; dolor, fuga y miseria presididas por la sacerdotisa impura, la diosa humillada por el fracaso de la creación y condenada a devorar la basura del hombre para limpiar la ciudad del hombre.

Detrás del vasto palimpsesto hispano-hebreo de *La tragicomedia de Calisto y Melibea* se leen las palabras del *Zohar* judío: Dios comparte con el hombre la culpa de la creación, pues Dios se mantuvo ausente del mundo y ésta fue la causa de la caída común de Dios y de los hombres. La ley del gran texto esotérico hebreo rige el movimiento todo de *La Celestina* de Rojas: ley de mudanza y trasiego que insensiblemente se revela como condición misma de la vida: los hombres y las mujeres viven en el mundo para representar, una y otra vez, la creación del mundo.

La Celestina es, a un tiempo, el canto de cisne y la gran herencia judía de España. Es el monumento literario de la diáspora de 1492.

VII

1521 es el año de la derrota de los comuneros de Castilla en el campo de Villalar. ¿Por qué la juzgo fecha decisiva? ¿No se han cansado los historiadores conservadores, de Danvila a Marañón pasando por Menéndez y Pelayo, de recordarnos que la rebelión comunera no fue más que una especie de brote anacrónico del feudalismo, una insurrección de la nobleza señorial contra el concepto moderno del absolutismo encarnado por Carlos V? Aceptar esta tesis, o negarla, es de gran importancia para entender la vida histórica de España y sus colonias americanas a partir del siglo XVI. Pues si la aceptamos, aceptaremos también que el imperium de los Austrias en España y América significó un adelanto que nos puso al corriente con la tendencia a la integración del estado moderno por vía del absolutismo antifeudal, como sucedió en Inglaterra y en Francia. Pero si la negamos, llegaremos a la conclusión de que Carlos V, en Villalar, no derrotó a una espectral nobleza feudal, sino que trasladó a España el ideal universalista del Sacro Imperio Romano Germánico, lo refundió con el impulso unitario de los Reyes Católicos y aplastó las tendencias pluralistas y democráticas de la España medieval en tránsito hacia la modernidad.

Durante la Edad Media, España no careció de orientaciones a favor de la tolerancia y el pluralismo. Alfonso VI de Castilla, en un alarde de ambas actitudes, se proclamó a sí mismo «Emperador de las Dos Religiones», y los musulmanes siempre mantuvieron un respeto moral hacia «los pueblos del libro». En la vida intelectual, como hemos visto, las interfecundaciones de las tres culturas fueron constantes.

Desearía añadir, para ilustrar aún más los impulsos hacia el pluralismo y la tolerancia, tres nombres a los que cité anteriormente. Don Sem Tob de Carrión, en el siglo XIV, escribe en hebreo y en castellano una poesía lírica cuya melancolía y ternura refina y reúne la tradición literaria árabe y la condición existencial hebrea. Ambas heredades le permiten presentarse como el primer poeta castellano que hace el elogio de los libros, de la educación filosófica y del vehículo mismo de la tolerancia: el diálogo. El gran intelectual mallorquín,

Ramón Llull, a principios del siglo XIV, asume, en el *Libro del Gentil y los Tres Sabios*, el papel del «pagano inteligente» capaz de escuchar las razones de los representantes de las tres religiones, Islam, el judaísmo y el cristianismo, a fin de conocer y combinar las virtudes de todas ellas. Y en el siglo XV, el poeta catalán Ausias March es uno de los primeros escritores europeos cuya temática expresa es la complejidad de la vida interior y el respeto debido a la existencia personal.

Simultáneamente, un fenómeno particular estaba ocurriendo en los reinos cristianos de España. El feudalismo hispano sólo fue fuerte en Cataluña y Aragón, pero aun en el caso de estos dos reinos, las estructuras señoriales fueron atenuadas por realidades o instituciones moderadoras. En Cataluña, evidentemente, por la existencia de Barcelona con su poderosa burguesía y su intensa actividad comercial en el Mediterráneo. En Aragón, por la existencia del Justicia Mayor, cuyo carácter vitalicio le permitía fungir, no sólo como árbitro entre el rey y la nobleza, sino como protector de los perseguidos por la monarquía o la aristocracia. En Asturias, León y Castilla, en cambio, el feudalismo fue el más débil de toda Europa, y ello por una razón obvia: el constante desplazamiento de fronteras durante las prolongadas guerras de la

Reconquista dificultaron en grado máximo la estabilidad de los derechos señoriales sobre la tierra, base misma del feudalismo. Además, las fronteras de la cristiandad ofrecían demasiadas zonas crepusculares donde la nobleza cristiana debía vasallaje a los moros, o viceversa.

Estas debilidades, y la ausencia de un poder central unificado, promovieron el desarrollo del poder civil y de las instituciones locales a través de cédulas de autogobierno otorgadas a las poblaciones, libertades consagradas dentro de múltiples comunidades urbanas, autoridades judiciales independientes y una continuada revolución de expectativas en ascenso, encabezada por los centros culturales y comerciales burgueses. Desde el siglo XII, existen los municipios semiautónomos o concejos en Castilla. Se trata de atraer pobladores a las zonas reconquistadas mediante la concesión de fueros: autonomía política y códigos propios. Los concejos forman milicias y se asocian en hermandades para defender sus intereses. Los representantes de los concejos se reúnen en las Cortes, en cuyo seno encuentra representación, desde el siglo XII, el tercer estado. Recordemos, pues, que es en España donde por primera vez en Europa adquiere representación política el estado llano, cuyas aspiraciones postergadas, en 1789, habrían de alimentar la explosión revolucionaria francesa. «¿Qué es el tercer estado?», preguntaría entonces el abate Sieyés en su exaltado panfleto: «Nada». Pero en la España medieval, el estado llano ya era *Algo*.

Tampoco careció la España medieval de porosidad social. El siervo, lenta pero seguramente, podía ascender de la condición de collazo del señor a la de villano del rey y de allí a la categoría de burgués. En las ciudades de Castilla, el concepto de ciudadanía se encontraba en proceso de gestación y un número creciente de individuos se incorporaba a las asambleas políticas. José Antonio Maravall, autor del libro definitivo sobre la revolución comunera, considera que las instituciones políticas de Castilla, a principios del siglo XVI, se encontraban en una etapa de desarrollo político comparable a las de Inglaterra en la misma época. Mientras los reyes católicos no interrumpieron el proceso político civil, las ciudades los apoyaron en sus propósitos de unificación. Pero cuando el joven príncipe Habsburgo, Carlos I de España y V de Alemania, ascendió al trono en 1517 como heredero de la reina loca, Juana, y su finado consorte Felipe el Hermoso, las comunidades urbanas sintieron que sus libertades eran amenazadas de diversas maneras. Hubo, sin duda, un elemento de xenofobia. El rey Carlos era flamenco y ni siquiera hablaba español. Pero lo que realmente alarmó a las comunidades fue la política del nuevo monarca, abiertamente abocada a una centralización creciente sin tomar en cuenta los derechos civiles de las ciudades y sus instituciones locales. El impulso ciudadano hacia el constitucionalismo, inevitablemente, chocó con la concepción que el rey Carlos tenía del absolutismo como reproducción y extensión del imperium medieval.

La guerra civil de las comunidades ha sido llamada por Maravall, con exactitud, «la primera revolución moderna de España y posiblemente de Europa». La rebelión comunera, en efecto, fue el movimiento precursor de las revoluciones inglesa y francesa. Sin embargo, tradicionalmente han sido los historiadores reaccionarios de España quienes la han condenado, paradoja de paradojas, como un movimiento reaccionario. Se olvida que por algo fueron inscritos los nombres de los cabecillas comuneros, Padilla, Bravo y Maldonado, en las paredes del Congreso de Cádiz; la revolución liberal de 1812 se consideró a sí misma heredera de la revolución comunera de 1520. El argumento conservador ha sido que la revolución comunera fue una insurrección de la nobleza señorial contra la autoridad real. Sin embargo, Juan Luis Vives, contemporáneo de los hechos, escribía al comentarlos: «Sunt motus Hispaniae plebis adversus nobilitatem», el pueblo español contra la nobleza.

Una nueva generación de historiadores españoles, al cabo, ha puesto las cosas en su lugar. «Las comunidades —dice Antonio Domínguez Ortiz— fueron, ante todo, la expresión del disgusto de la clase media urbana de Castilla… Los comuneros querían una monarquía cuya columna vertebral fuera la burguesía urbana.»

La nobleza tuvo una participación mínima en la revuelta: oportunista en un principio, se unió al rey contra los comuneros en la fase final. Nadie ha descrito mejor la composición social de la revolución comunera que el propio Carlos V, en una carta dirigida a una serie de personajes inculpados en la rebelión, donde, a continuación del nombre, el monarca cita los oficios de cada nombre: un reducido número de caballeros e hidalgos; un número mayor de regidores, alcaldes, jurados y síndicos, todos ligados a la vida de las ciudades que protagonizaron la rebelión; escribanos y alguaciles, eclesiásticos menores (canónigos, abades, arcedianos, deanes y chantres); humanistas y catedráticos; un gran número de doctores, licenciados, bachilleres, médicos y físicos; y una proporción mayoritaria de mercaderes, cambistas, notarios, boticarios, tenderos, mesoneros, armeros, plateros, joyeros, azabacheros, cuchilleros, herreros, fundidores, horneros, aceiteros, carniceros, salineros, especieros, cereros, pellejeros, sombrereros, lenceros, cordoneros, zapateros, sastres, barberos y carpinteros.

¿No se lee esta lista como el reparto del *Quijote*? ¿No son los personajes del vasto mundo de Cervantes los mismos que desafiaron el absolutismo de los Habsburgo y lucharon por el desarrollo de los derechos civiles? Pero lo que en Cervantes es una mayoría silenciosa fue, en 1520, una mayoría vocal y desafiante. El pueblo castellano ya no podía expresar, en 1605, fecha de la publicación del *Quijote,* lo que gritó en 1520. Y lo que los comuneros exigían era un orden democrático. No titubeo en emplear la palabra «democracia» en el contexto de la revolución española de 1520; aparece constantemente en las demandas escritas por los comuneros, y es inherente al motivo de su lucha: la supresión de puestos políticos y administrativos otorgados en perpetuidad, la renovación periódica de los funcionarios públicos, y el control público del ejercicio de sus funciones; poner fin a las persecuciones contra los judíos conversos; el rechazo del pago de tributos extraordinarios y la implantación del principio de taxación mediante representación.

En la Castilla de las Comunidades, como observa Maravall, las demandas de los revolucionarios fueron mucho más allá de los propósitos de la Magna Carta inglesa, dado que los comuneros no hicieron la distinción entre un *stabilimentum* que ligase a barones y ciudadanos, por un lado, y a los barones y el rey, por el otro, sino que, más bien, propusieron la idea revolucionaria de un nuevo orden constitutivo del reino en su totalidad, dentro del cual el rey sólo sería un elemento. De esta manera, los revolucionarios, en realidad, estaban exigiendo una profunda reforma que Maravall considera a la luz del desarrollo del Estado constitucional moderno: el derecho a la resistencia, el derecho del pueblo a fiscalizar al propio rey, el derecho de definir la política de la comunidad, como dice el Deán de Salamanca en una carta al licenciado Diego de Guzmán, «de acuerdo con la voluntad de todos».

«El consentimiento de todos», «la voluntad general del pueblo»: semejantes conceptos, que a veces creemos propios del Siglo de las Luces, son comunes y recurrentes en las cartas, discursos y proclamas de los comuneros españoles del siglo XVI.

Me parece que todo lo dicho sirve para caracterizar a la revolución comunera como un movimiento político de orientación democrática. La rebelión se expresó políticamente a través de la Junta General, una asamblea ejecutiva basada en el voto mayoritario y expresamente representativa de la voluntad general de todos. El historiador Helmut Georg Koenisgberger, en su espléndida obra, *Estados y Revoluciones,* no duda en calificar a la Junta General como «un gobierno revolucionario».

La derrota de los ejércitos comuneros en Villalar en 1521 significó un golpe feroz contra las fuerzas orientadas a favor de una España moderna, democrática, pluralista y tolerante. Las semillas de renovación que comenzaron a germinar durante la Edad Media y a dar sus frutos en 1520 fueron aplastadas por el puño de un imperium anacrónico, fundado en la pureza de la sangre, la intolerancia, la persecución, la ortodoxia religiosa y la mutilación de la cultura pluralista de España.

Carlos V impuso a España el sistema de la *ordinatio ad unum* propia del Sacro Imperio, en tanto que las comunidades deseaban establecer el principio moderno de la unidad a través del pluralismo. Gabriel Jackson, en su libro sobre la España medieval, resume la catástrofe: «España redujo drásticamente sus recursos económicos e intelectuales en el momento preciso en que iba a convertirse en una potencia mundial. Resueltamente, dio la espalda al ideal del pluralismo cultural en el momento preciso en que extendía su dominio sobre pueblos aborígenes de culturas sumamente variadas».

Consideremos por un instante lo que hubiese significado para las colonias americanas de España el trasplante a nuestras tierras de un orden constitucional en pleno desarrollo democrático. 1521: el mismo año, los comuneros son derrotados en Villalar y Cortés conquista la Gran Tenochtitlán. En lugar del poder vertical y autoritario de los aztecas, los españoles instalan el poder vertical y autoritario de los Austrias. El Rey, el Consejo de Indias, la Casa de Contratación, el Virrey, el Capitán General, el Gobernador, las Audiencias y, aplastado por la pirámide del poder jerárquico, el inoperante cabildo.

De allí la extraordinaria importancia, a mi parecer poco estudiada, de la derrota comunera en los destinos de la América Española. Al derrotar al movimiento democrático en 1521, España venció anticipadamente a sus colonias como entidades políticas viables. De allí la terrible dificultad de Hispanoamérica a partir de la Independencia: nuestras luchas por la descolonización han debido combatir, por así decirlo, un coloniaje al cuadrado: fuimos, al cabo, colonias de una colonia. Pues la Metrópolis que nos regía pronto se convirtió en las Indias de Europa.

El tesoro del Nuevo Mundo no salvó a España de esta paradójica situación: el cenit de su poder fue prácticamente simultáneo a la iniciación de su decadencia. Como lo explica Rondo Cameron, «El flujo de oro y plata proveniente de las colonias españolas incrementó enormemente las existencias de los metales monetarios en Europa. El gobierno español intentó prohibir la exportación de lingotes, pero fue incapaz de imponer esta interdicción. En verdad, ni siquiera se la pudo imponer a sí mismo, ya que fue el propio gobierno quien mayores cantidades de oro y plata exportó a Italia, Alemania y los Países Bajos a fin de pagar sus deudas y financiar sus interminables guerras». Además, el contrabando desde España se generalizó: uno de los personajes del *Quijote,* Roque Guinart, se gana la vida, precisamente, como contrabandista de los metales de Indias. De Italia, Alemania y los Países Bajos, el oro y la plata se diseminaron por el resto de Europa, provocando la famosa «revolución de los precios». Común a toda Europa, este proceso inflacionario afectó primordialmente a la propia España, pues los precios, por necesidad, ascendieron más, y más rápidamente, en el país donde estaban los únicos lugares legalmente autorizados para recibir los metales del Nuevo Mundo: los puertos de Andalucía.

En *La riqueza de las naciones,* Adam Smith, refiriéndose a la expansión del capitalismo, escribe que «el descubrimiento de América y el del pasaje a las Indias Orientales por el Cabo de Buena Esperanza son los dos hechos más grandes y más importantes registrados en la historia de la humanidad». No debemos tomar muy en serio esta opinión: es la de un economista. De todos modos, dos empresas ibéricas fueron decisivas para el desarrollo del capitalismo moderno; pero ni España ni Portugal se beneficiaron de él. Según lo explica Keynes, el proceso inflacionario español se inició en 1519, con el arribo del primer botín mexicano, y durante los setenta años siguientes (es decir, hasta 1588, el año de la derrota de la Armada Invencible) precios y salarios aumentaron velozmente, aunque aquéllos se mantuvieron por encima de éstos. Pero a partir de 1588, los salarios sobrepasaron enormemente a los precios, siendo ambos los más altos de Europa. Esto significó que la oportunidad española de acumular capital fue de muy corta duración y se diferenció del proceso equivalente en Francia, Inglaterra, los Países Bajos y Alemania.

En España, el nuevo poder adquisitivo se concentró inmediatamente en los receptores directos de los tesoros americanos: las clases aristocráticas y dirigentes, las cuales lo utilizaron, suntuariamente, en aumentar el costo de los servicios (lo que Keynes llama inflación de las rentas) y no en la acumulación de capital (lo que Keynes llama inflación de la ganancia). Pero en el resto de Europa, el nuevo poder adquisitivo fue canalizado por el comercio privado y los metales adquiridos a bajo precio fueron revendidos a alto costo en términos de comercio.

Durante el siglo XVII, de esta manera, el norte de Europa se encontraba en plena etapa de acumulación de capital. España, mera intermediaria del tesoro americano, desprovista de capitalistas modernos, obligada a adquirir productos manufacturados en el exterior y a alto costo, y a vender materias primas a bajo precio, entró en un proceso de decadencia económica ilustrado por un simple dato: en 1629, de acuerdo con los estudios de un economista español contemporáneo a los hechos, Alonso de Carranza, el oro y la plata de las minas de América, en un 75%, terminaba en manos de los comerciantes de sólo cuatro ciudades europeas: Londres, Rouen, Amberes y Amsterdam.

En 1598, Felipe II, llamado «El Prudente» por su dificultad en tomar decisiones, muere de una muerte atrozmente dolorosa y excrementicia en el sombrío palacio, monasterio y necrópolis de

El Escorial. Le rodean los tesoros que el Monarca aprecia por encima de toda la plata y el oro del mundo: las calaveras, las canillas y las manos disecadas de santos y mártires, las reliquias de la corona de espinas y de la cruz del Calvario.

Deja, detrás de sí, la voluntad suicida de mantener inmóvil la estructura orgánica del imperium medieval, de restaurar la unidad de la fe y de ceñir la vida intelectual a los estrechos y vigilantes límites propuestos por el Concilio de Trento y la Inquisición.

Deja, detrás de sí, una crisis económica que se acentuará durante el gobierno de Felipe III: reino de los favoritos reales, el Duque de Lerma, el Duque de Uceda; expulsión de los moriscos y ruina de las clases medias de Valencia y Aragón; depresión económica; inflación; devaluación de la moneda; sustitución del oro y la plata como circulante por el vellón de cobre; quiebra, bandidaje, picaresca: la España del Quijote, el Guzmán de Alfarache y la corte de los mendigos.

Deja, detrás de sí, el desastre de la Invencible Armada, prueba suficiente de la incapacidad de España para desempeñar el papel hegemónico en la política europea; y esta decadencia del poder internacional de España se acentuará durante el gobierno de Felipe IV, reino del Conde-Duque de

Olivares, derrota de España en la guerra de treinta años, Tratado de Munster de 1648 y reconocimiento de la independencia de las Provincias Unidas de Holanda, Paz de los Pirineos de 1659 y pérdida del Roussillon, Cerdeña y Flandes; independencia de Portugal; rebelión catalana.

Deja también, las semillas de la locura y la enfermedad que él mismo heredó hasta culminar la línea con el cadáver viviente, Carlos el Hechizado, impotente, tarado, coronado de palomas sangrantes, y cuya autopsia revelará un corazón del tamaño de una nuez, los intestinos podridos y un solo testículo negro. La muerte del último de los Austrias hunde a Europa en la Guerra de la Sucesión Española.

En 1534, Juan Luis Vives había escrito a Erasmo de Rotterdam: «El tiempo en que vivimos es difícil en extremo, y tanto que no podría decir cuál es más peligroso, si el hablar o el callar». ¡Cuántos españoles, a partir de entonces, no podrían repetir las palabras del gran humanista converso, exiliado de España, sus posesiones confiscadas y su familia quemada en la hoguera por el Santo Oficio! Y cuántos más, como Quevedo cien años después de Vives, no podrían exclamar dolorosamente, «No he de guardar silencio», y cuestionarse a sí mismos y a su sociedad:

¿No ha de haber un espíritu valiente?
¿Siempre se ha de sentir lo que se dice?
¿Nunca se ha de decir lo que se siente?

Entre Vives y Quevedo, el Concilio de Trente (1545-1563) establece la rigurosa vigilancia de la Contrarreforma y España asume el papel de *Defensor fides* contra la marea del protestantismo, el libre examen y la herejía política, literaria, moral, religiosa o racial. Sin embargo, como escribe Gabriel Jackson, «Dentro de la propia España, Cristianos nuevos y viejos resistieron el espíritu de la inquisición y crearon corrientes heterodoxas que mantuvieron vivos muchos aspectos del pluralismo medieval». Recordemos que, además de los ya mencionados Rojas y Vives, Fray Luis de León y Francisco de Vitoria eran de ascendencia judía.

La triple herencia de España optó por la clandestinidad y el disimulo. Pero el lenguaje, la sensibilidad y las tensiones del arte y la literatura españolas serían marcados para siempre por el pluralismo de su auténtica herencia cultural.

VIII

Cervantes, como Don Quijote, es un hombre capturado entre dos mundos, el viejo y el nuevo, y entre dos aguas, el flujo del Renacimiento y el reflujo de la Contrarreforma. A fin de no zozobrar, Cervantes se embarca en la nave de Erasmo de Rotterdam. Pero, ¿no es este barco el de la locura?

La vasta influencia de Erasmo en España no es fortuita. La inteligencia española contemporánea al humanista de Rotterdam se dio cuenta, correctamente, de que nadie intentaba conciliar y superar las verdades de la razón y de la fe, y las razones de lo nuevo y de lo viejo, con más intensidad que Desiderio Erasmo, el último hombre universal (o que tuvo la posibilidad de serlo).

He mencionado, de pasada, que Cervantes fue discípulo del erasmista español Juan López de Hoyos. Se ha discutido, sin embargo, si Cervantes leyó siquiera a Erasmo, puesto que jamás lo menciona en sus obras. Mi opinión es que quizás no lo menciona con buen motivo. El erasmismo español fue sostenido por el arzobispo de Toledo, Fonseca, y el de Sevilla, el inquisidor general Manrique, mientras se pensó que el cristianismo romano podía reformarse a sí mismo. Pero después de las guerras de Reforma y el Concilio de Trento, la Iglesia entonó el mea culpa por sus veleidades erasmistas del pasado y en ninguna parte fue más violenta la reacción contra Erasmo que en la propia España.

La relación, a mi parecer evidente, entre Cervantes y Erasmo, ha de buscarse, no en la muy explicable ausencia de toda mención del sabio de Rotterdam por el manco de Lepanto, sino en la presencia misma de tres grandes temas erasmistas en el centro nervioso del *Quijote:* la dualidad de la verdad, la ilusión de las apariencias y el elogio de la locura.

Erasmo, como Cervantes, refleja el dualismo típico del Renacimiento: el entender puede ser distinto del creer. Pero la razón debe cuidarse de juzgar por las apariencias externas:

«Todas las cosas humanas —dice Erasmo en el *Elogio de la locura*—, tienen dos aspectos, a modo de los Silenes de Alcibíades, los cuales tenían dos caras del todo opuestas; por lo cual, muchas veces, aquello que a primera vista parece muerte... observado atentamente, es vida.» Y añade: «La realidad de las cosas depende sólo de la opinión. Todo en la vida es tan oscuro, tan diverso, tan opuesto, que no podemos asegurarnos de ninguna verdad».

En seguida, Erasmo da a su razonamiento una inflexión cómica, cuando señala con una sonrisa que «Júpiter necesita disfrazarse de pobrecillo para procrear pequeños Joves». De esta manera, el espíritu cómico se pone al servicio de la visión heterodoxa de la doble verdad, y es evidente que Cervantes opta por este atajo al crear las figuras de Don Quijote y Sancho Panza, pues el primero habla el lenguaje de los universales, y el segundo el de los particulares. El caballero cree, el escudero duda, y la apariencia de cada uno es diversificada, oscurecida u opuesta por la realidad del otro. Si Sancho es el hombre real, participa, sin embargo, del mundo ilusorio de Don Quijote. Pero si Don Quijote es un hombre ilusorio, no deja, por ello, de participar del mundo de la pura realidad de Sancho.

Una de las más brillantes paradojas de la historia del pensamiento es que Erasmo, en una época enamorada de «la divina razón», escribiese un *Elogio de la locura*. Había, sin embargo, método en su locura. Es como si Erasmo hubiese recibido una urgente advertencia de la razón misma: no permitas que me convierta en otro absoluto, como lo fue la fe en el pasado, pues entonces perderé la razón de mi razón. La locura erasmiana es una operación doblemente crítica: simultáneamente aleja al loco de los falsos absolutos y de las verdades impuestas del orden medieval, pero arroja una inmensa sombra de duda sobre la razón moderna. Más tarde, Pascal habría de escribir:

«Los hombres son tan necesariamente locos, que sería una locura, en razón de otro giro de la locura, no estar loco.»

Esta vuelta de la tuerca de la razón en Pascal es precisamente lo que Erasmo quiere indicar: si la razón ha de ser razonable, debe verse a sí misma con los ojos de una locura irónica, no su opuesto, sino su complemento crítico; si el individuo ha de afirmarse, debe hacerlo con una conciencia irónica del yo, o naufragará contra los escollos del solipsismo y la hybris.

La locura erasmiana, situada en el cruce de caminos de dos culturas, relativiza los absolutos de ambas: ésta es una locura críticamente situada en el corazón mismo de la Fe, pero también, en el corazón mismo de la Razón. La locura de Erasmo es una puesta en duda del hombre por el hombre y de la razón por la razón, y ya no por Dios, el Demonio o el pecado. Relativizado por la locura crítica e irónica, el hombre deja de estar sujeto a la Fatalidad o a la Fe; pero no se convertirá en el amo absoluto de la Razón.

¿Cómo se traducen a la literatura las realidades espirituales que fueron motivo de la reflexión erasmiana? Quizás Hamlet es el primer personaje que se detiene, piensa, duda y pronuncia tres palabras minúsculas e infinitas que súbitamente abren un abismo entre las verdades ciertas de la Edad Media y la incierta razón del valiente mundo nuevo de la modernidad. Esas palabras son sólo eso: «Palabras, palabras, palabras…». Y si nos sacuden *(shake)* y alancean *(spear);* es porque son las palabras de un personaje ficticio reflexionando sobre la sustancia misma de su ser. Hamlet sabe que está siendo escrito, representado, y representado en un tablado, mientras que el viejo Polonio va y viene agitadamente, intriga, aconseja y se conduce como si el mundo del teatro verdaderamente fuese el mundo real. Las palabras se convierten en actos, el verbo en espada y Polonio es traspasado por la de Hamlet: la espada de la literatura. Palabras, palabras, palabras, dice Hamlet, y no lo dice peyorativamente: señala con llaneza, y sin demasiadas ilusiones, la existencia de la literatura. Pero, ¿de qué clase de literatura; acaso no ha existido desde siempre la literatura? Don Quijote y Hamlet son los testigos de cargo de una nueva literatura que ha dejado de ser lectura transparente del verbo divino pero no ha podido convertirse en signo reflejo de un orden humano tan congruente e indubitable como lo fueron los órdenes, divinos o sociales, del pasado.

No es fortuito que el mismo año de 1605 nazcan *Don Quijote*, *El Rey Lear* y *Macbeth*. Aparecen simultáneamente dos viejos locos y un joven asesino a llenar con el delirio de sus imaginaciones los escenarios del tránsito entre dos edades del mundo. Y no es fortuito que *Macbeth* sea el drama de las interrogantes, desde que las Brujas se preguntan:

When shall we three meet again?,

hasta que Macbeth se prepara a morir en la interrogante:

Why should I... die on mine own sword?

pasando por las preguntas centrales del crimen: primero,

Is this a dagger which I see before me?

y en seguida:

Will all great Neptune's ocean.
Wash this blood clean from my hand?

Entre los signos de la interrogación, el estado del mundo se deshace y ese mañana, y mañana, y mañana sólo anuncia la entrada al gran teatro universal de las sombras en movimiento, de los pobres autores idiotas que cuentan un cuento que nada significa, lleno de rumor y de cólera.

Y tampoco es fortuito que las grandes metáforas de *El Rey Lear* se deriven siempre de un universo tumultuoso, en el que los eclipses, las estrellas, la necedad de la compulsión celestial, la mentira dictada por influencia planetaria y el gobierno de nuestra condición por los astros, se mezclan con las imágenes de los elementos terrenos dislocados, agitados, tormentosos: drama de lluvia y de fuego, de bruma y trueno, pero en el cual los elementos irracionales son menos ingratos que los seres racionales y en cuyo centro, amarrado a un círculo ardiente, un viejo abandonado, incapaz de aprender más de lo que ya sabe, asimilado a una naturaleza solitaria y sollozante, es la víctima de las pasiones, como el cosmos lo es de sus propias fuerzas desencadenadas, sin mesura, ininteligibles.

Palabras iniciales, palabras errantes, palabras huérfanas: hemos perdido a nuestro padre pero no nos hemos encontrado a nosotros mismos. El mundo entero es un escenario, y las palabras dichas desde él están, en verdad, llenas de rumor y de furia. Las palabras se convierten en vehículo de la ambigüedad y la paradoja. «Todo es posible», dice Marsilio Ficino. «Todo está en duda», dice John Donne. Y en medio de estas oscilaciones del humanismo, la literatura aparece como una opaca región donde lo mismo caben la locura metódica de Hamlet que el racionalismo optimista de Robinson que el erotismo secular de Don Juan de Sevilla que el erotismo celestial de san Juan de la Cruz: en la literatura, todo es posible. En el cosmos medieval, cada realidad manifestaba otra realidad, de acuerdo con símbolos homologados de manera inequívoca. Pero en el inestable y equívoco mundo que Copérnico deja en su estela —en su *wake*— estos criterios centrales se han perdido.

Todas las cosas han perdido su concierto. En el alba misma de su afirmación humanista y liberadora, el individuo cae fragmentado por la misma crítica, la misma duda, la misma interrogación con que Copérnico y Galileo liberan a las fuerzas dormidas del universo, ensanchándolo hasta empequeñecer al individuo que entonces se despliega en la pasión desbocada, la afirmación del orgullo, los crueles usos del poder, el sueño utópico de una nueva ciudad del sol, la imaginación cronófaga y omninclusiva, el hambre de un nuevo espacio humano capaz de ser opuesto al nuevo espacio mudo del universo: apetito espacial evidente así en el descubrimiento de América como en los frescos de Piero della Francesca. Nada debe ser desechado, afirma Ficino; la naturaleza humana contiene todos y cada uno de los niveles, desde las horrendas formas de los poderes de lo hondo hasta las jerarquías de inteligencias divinas descritas por los místicos: nada es increíble, nada es imposible; las posibilidades que negamos son sólo las posibilidades que no conocemos. El libertino y el asceta, Don Juan y Savonarola, César Borgia y Hernán Cortés, el tirano y el aventurero, el Fausto de Marlowe y los amantes incestuosos de John Ford, el pensamiento rebelde y la carne rebelde: las faltas ya no restablecen un orden ancestral, sino que se consumen en los principios autosuficientes del orgullo, la razón, el placer o el poder. Pero, apenas ganados, estos principios son puestos en duda por la crítica, puesto que la crítica los fundó.

IX

Todo es posible. Todo está en duda. Sólo un hidalgo manchego sigue adhiriéndose a los códigos de la certidumbre. Como la España de la Contrarreforma, Don Quijote navega entre dos aguas y pertenece a dos mundos. Para él, nada está en duda y todo es posible: como la Invencible Armada derrotada en tiempo de Cervantes, es un anacronismo que no sabe su nombre. En el nuevo mundo de la crítica, Don Quijote es un caballero de la fe. Esa fe proviene de una lectura. Y esa lectura es una locura. Don Quijote se empeña, igual que el monarca necrófilo de El Escorial, en restaurar el mundo de la certeza unitaria: se empeña, física y simbólicamente, en la lectura única de los textos e intenta trasladarla a una realidad que se ha vuelto múltiple, equívoca, ambigua. Pero porque es dueño de esa lectura, Don Quijote es dueño de una identidad: la del caballero andante, la del héroe antiguo.

De ser el dueño de las lecturas previas que le secaron el seso, Don Quijote pasa a ser, en un segundo nivel de lectura, dueño de las palabras del universo verbal del libro *Quijote.* Deja de ser el lector de novelas de caballería y se convierte en el actor de sus propias aventuras. De la misma manera que no había ruptura entre la lectura de los libros y su fe en lo que decían, ahora no hay divorcio entre los actos y las palabras de sus aventuras. Porque lo leemos y no lo vemos, nunca sabremos qué es lo que el caballero se pone en la cabeza: ¿tendrá razón Don Quijote, habrá descubierto el fabuloso yelmo de Mambrino donde los demás, ciegos e ignorantes, sólo ven un bacín de barbero? Dentro de la esfera verbal, Don Quijote comienza por ser invencible. El empirismo de Sancho es inútil literariamente, porque Don Quijote, apenas fracasa, restablece su discurso y prosigue su carrera en el mundo de las palabras que le pertenecen.

Harry Levin compara la famosa escena del *play within the play* en *Hamlet,* con el capítulo del retablo de Maese Pedro en el *Quijote.* En la obra de Shakespeare (¿de quién?) el rey Claudio hace interrumpir la representación porque la imaginación empieza a parecerse peligrosamente a la realidad. En la obra de Cervantes (¿de quién?) Don Quijote se lanza contra «La titerera morisma» de Maese

Pedro porque lo representado empieza a parecerse peligrosamente a la imaginación. Claudio desea que la realidad fuese una mentira: el asesinato del padre de Hamlet. Don Quijote desea que la fantasía fuese una verdad: el cautiverio de la princesa Melisendra por los moros.

La identificación de lo imaginario con lo real remite a Hamlet a la realidad, y de la realidad, naturalmente, le remite a la muerte: Hamlet es el embajador de la muerte, viene de la muerte y a ella va. La identificación de lo imaginario con lo imaginario remite a Don Quijote a la lectura. Don Quijote viene de la lectura y a ella va: Don Quijote es el embajador de la lectura. Y para él, no es la realidad la que se cruza entre sus empresas y la verdad: son los encantadores que conoce por sus lecturas.

Nosotros sabemos que no es así, que es sólo la realidad la que se enfrenta a la loca lectura de Don Quijote. Pero él no lo sabe, y esto crea un tercer nivel de lectura. «*Mire* vuestra merced, dice continuamente Sancho… Mire que aquellos que allí se parecen no son gigantes, sino molinos de viento.» Pero Don Quijote no *mira:* Don Quijote *lee* y su lectura dice que aquéllos son gigantes.

Don Quijote quiere meter al mundo entero en su lectura mientras cree que esa lectura es la de un código unitario y consagrado: el que, desde la gesta de Roncesvalles, identifica el hecho ejemplar de la historia con los hechos ejemplares de los libros. El sacrificio de Rolando defendió el ideal heroico de la caballería y la integridad política del cristianismo. Su gesta habría de convertirse en norma y forma ideales de los héroes de las ficciones de caballería. Don Quijote se sitúa a sí mismo en esta genealogía. Él también cree que entre las gestas ejemplares de la historia y los gestos ejemplares de los libros no puede haber fisuras, pues por encima de ambos está el código consagrado que los rige, y por encima de éste, la visión unívoca de un mundo estructurado por Dios. Nacido de la lectura, Don Quijote, cada vez que fracasa, se refugia en la lectura. Y refugiado en la lectura, seguirá viendo ejércitos donde sólo hay ovejas sin perder la razón de su lectura: será fiel a ella porque para él no hay otra lectura lícita.

La sinonimia de la lectura, la locura, la verdad y la vida en Don Quijote son de una evidencia llamativa cuando pide a los mercaderes que se encuentra en el camino que confiesen la belleza de Dulcinea sin haberla visto nunca, pues «lo importante es que sin haberla visto lo creyeres, confesares, jurares y defendieres». Ese *lo* es un acto de fe. Las fabulosas aventuras de Don Quijote son impulsadas por un propósito avasallante: lo leído y lo vivido deben coincidir de nuevo, sin las dudas y oscilaciones entre la fe y la razón introducidas por el Renacimiento.

Pero el siguiente nivel de la lectura empieza a minar esta ilusión. En su tercera salida Don Quijote se entera, por noticias del bachiller Carrasco que Sancho le transmite, de la existencia de un libro llamado *El ingenioso hidalgo Don Quijote de la Mancha*. «Me mientan a mí —dice Sancho con asombro— y a la señora Dulcinea del Toboso, con otras cosas que pasamos a solas, que me hice cruces de espantado cómo las pudo saber el historiador que las escribió.»

Cosas a solas. Antes, sólo Dios podía leerlas; sólo Dios era el conocedor y juez final de lo que sucedía en los recodos de nuestra conciencia. Ahora, cualquier lector que puede pagar el precio de cubierta de *Don Quijote* también puede enterarse: el lector es asimilado a Dios. Ahora, los Duques pueden preparar sus crueles farsas porque han leído la primera parte de la novela *Don Quijote*.

Al entrar a la segunda, Don Quijote ha sido tema de la relación apócrifa escrita por Avellaneda para aprovechar el éxito de la primera parte del libro de Cervantes. Los signos de la singular identidad de Don Quijote se multiplican. Don

Quijote critica la versión de Avellaneda; pero la existencia de otro libro sobre él mismo le hace cambiar de ruta e ir a Barcelona a «sacar a la plaza del mundo la mentira de este historiador moderno y echarán de ver las gentes como yo *no soy* el Don Quijote que él dice».

Seguramente, ésta es la primera vez en la historia de la literatura que un personaje sabe que está siendo escrito al mismo tiempo que vive sus aventuras de ficción. Este nuevo nivel de la lectura, en el que Don Quijote se sabe leído, es crucial para determinar los que siguen. Don Quijote deja de apoyarse en la épica previa para empezar a apoyarse en su propia epopeya. Pero su epopeya no es tal epopeya, y es en este punto donde Cervantes inventa la novela moderna. Don Quijote, el lector, se sabe leído, cosa que nunca supo Amadís de Gaula. Y sabe que el destino de Don Quijote se ha vuelto inseparable del libro *Quijote,* cosa que jamás supo Aquiles con respecto a *La Ilíada.* Su integridad de héroe antiguo, nacida de la lectura, a salvo en el nicho de la lectura épica previa, unívoca y denotada, es anulada, no por los galeotes o las burlas de Maritornes, no por los palos y pedradas que recibe en las ventas que imagina castillos o en los campos de pastoreo que confunde con campos de batalla. Su fe en las lecturas épicas le permite sobrellevar todas las palizas de la realidad. Su integridad es destruida por las lecturas a las que es sometido.

Y estas lecturas le convierten en el primer héroe moderno, escudriñado desde múltiples puntos de vista, leído y obligado a leerse, asimilado a los propios lectores que lo leen y, como ellos, obligado a crear en la imaginación a «Don Quijote». Doble víctima de la lectura, Don Quijote pierde dos veces el juicio: primero, cuando lee; después, cuando es leído. Pues ahora, en vez de comprobar la existencia de los héroes antiguos, deberá comprobar su propia existencia.

Lo cual nos conduce a otro nivel de la lectura crítica. En cuanto lector de epopeyas que obsesivamente quiere trasladar a la realidad, Don Quijote fracasa. Pero en cuanto objeto de una lectura, empieza a vencer a la realidad, a contagiarla con su loca lectura: no la lectura previa de las novelas de caballería, sino la lectura actual del propio *Quijote de la Mancha*. Y esa nueva lectura transforma al mundo, que empieza a parecerse cada vez más al mundo del *Quijote*. Para burlarse de Don Quijote, el mundo se disfraza de las obsesiones quijotescas. Pero, como dice Salvador Elizondo en su *Teoría del disfraz*, nadie se disfraza de algo peor que de sí mismo. El mundo disfrazado de quienes han leído el *Quijote* dentro del *Quijote* revela la realidad sin disfraces del mundo: su crueldad, su ignorancia, su injusticia, su estupidez. Cervantes no necesita escribir un manifiesto político para denunciar los males de ésa y de todas las épocas; no necesita recurrir al lenguaje de Esopo; no necesita romper radicalmente con las reglas de la épica tradicional a efecto de superarla: le basta entreverar la tesis épica con la antítesis realista para obtener, dentro de la lógica y la vida y la necesidad propias de su libro, la síntesis novelística. Nadie había concebido, con anterioridad a Cervantes, esta creación polivalente dentro de un libro.

Don Quijote, el caballero de la fe, sale al encuentro de un mundo infiel. Y a semejanza de Don Quijote, el mundo tampoco sabe ya dónde está ubicada la realidad. ¿Logran burlarse de Don Quijote, Dorotea cuando se disfraza de Princesa Micomicona, Sansón Carrasco cuando le desafía disfrazado de Caballero de los Espejos, los Duques cuando escenifican las farsas de Clavileño, la Dama Adolorida con sus doce dueñas barbudas y el gobierno de Sancho en la ínsula Barataria? ¿O es Don Quijote quien se ha burlado de todos ellos, obligándoles a entrar, disfrazados de sí mismos, al universo de la lectura del *Quijote*? Discutible materia de psicoanálisis. Lo indiscutible es que

Don Quijote, el hechizado, termina por hechizar al mundo. Mientras leyó, imitó al héroe épico. Al ser leído, el mundo le imita a él.

Pero el precio que debe pagar es la pérdida de su propio hechizamiento.

Pródigo, Cervantes nos conduce a un nivel más de lectura. Cuando el mundo se quijotiza, Don Quijote, cifra de la lectura, pierde la ilusión de su ser. Cuando ingresa al castillo de los Duques, Don Quijote ve que el castillo es castillo, mientras que en las ventas más humildes podía imaginar que veía un castillo. La realidad le roba su imaginación. En el mundo de los Duques, ya no será necesario que imagine un mundo irreal: los Duques se lo ofrecen en la realidad. ¿Tiene sentido la lectura si corresponde a la realidad? Entonces, ¿para qué sirven los libros?

De allí en adelante, todo es tristeza y desilusión, tristeza de la realidad, desilusión de la razón. Paradójicamente, Don Quijote es despojado de su fe en el instante mismo en que el mundo de sus lecturas le es ofrecido en el mundo de la realidad. El paso decisivo por el castillo de los Duques permite a Cervantes plantar tres picas en el campo de su crítica de la lectura. Una cosa, nos está diciendo, es la idea que Don Quijote tiene de una coincidencia épica entre sus lecturas y su vida: una fe nacida de los libros y totalmente definida por la manera como Don Quijote ha leído esos libros. Mientras esta coincidencia mental mantiene su supremacía, Don Quijote no tiene dificultades para convivir con cuanto existe fuera de su propio universo: el hecho mismo de que la realidad no coincida con sus lecturas le permite, una y otra vez, imponer la visión de sus lecturas a la realidad. Pero cuando lo que sólo pertenece a sus lecturas unívocas encuentra equivalentes en la realidad, la ilusión cae hecha pedazos. La coherencia de la lectura épica es derrotada por la incoherencia de los hechos históricos. Don Quijote debe vivir esta realidad histórica antes de alcanzar el nivel definitivo propuesto por Cervantes: el nivel de la novela en sí, síntesis entre el pasado que Don Quijote pierde y el presente que lo anula.

Arrojado en brazos de la historia, la historia priva a Don Quijote de toda oportunidad para su acción imaginativa. Encuentra a un tal Roque Guinart, auténtico bandolero, vivo en tiempo de Cervantes. Guinart, totalmente inscrito en la historia, fue ladrón de la plata de Indias y agente secreto de los hugonotes franceses en la época de la matanza de la noche de San Bartolomé. Al lado de Guinart y de su historicidad tangible, como cuando es testigo (pero no partícipe) de un combate naval frente a Barcelona, Don Quijote se convierte en simple espectador de hechos y personajes reales. El viejo hidalgo, para siempre privado de su lectura épica del mundo, debe enfrentar su opción final: ser en la tristeza de la realidad o ser en la realidad de la literatura: *esta* literatura, la que Cervantes ha inventado, y no en la vieja literatura de la coincidencia unívoca de la cual surgió Don Quijote.

Aventura de la desilusión. Por algo llama Dostoyevski a la obra de Cervantes «el libro más triste de todos» y en ella se inspira para figurar al «hombre bueno», al príncipe idiota, Mishkin. El caballero de la fe se ha ganado, al terminar la novela, su triste figura. Y es que, como indica Dostoyevski, Don Quijote sufre una «nostalgia del realismo». Pero, ¿de cuál realismo? ¿El de las imposibles aventuras de magos, caballeros sin tacha y descomunales gigantes? Exactamente: antes, todo lo dicho era cierto... aunque fuese fantasía. No había fisura alguna entre lo dicho y lo hecho en la épica. «Para Aristóteles y la Edad Media —explica Ortega y Gasset— es posible lo que no envuelve en sí contradicción. Para Aristóteles es posible el centauro; para nosotros no, porque no lo tolera la biología.» Es este realismo coincidente, sin contradicciones, el que añora Don Quijote;

en su camino podrán cruzarse la nueva ciencia, la nueva duda, todos los escepticismos que anacronizan la fe del caballero de la lectura única, del embajador de la lectura lícita. Pero por encima, de todo, lo que rompe ese realismo son las lecturas plurales, las lecturas ilícitas.

Don Quijote recobra la razón y esto, para él, es la suprema locura: es el suicidio, pues la realidad, como a Hamlet, le remite a la muerte. Don Quijote, gracias a la crítica de la lectura inventada por Cervantes, vivirá otra vida: no le queda más recurso que comprobar su propia existencia, no en la lectura única que le dio vida, sino en las lecturas múltiples que se la quitaron en la realidad añorada y coincidente pero se la otorgaron, para siempre, en el libro y sólo en el libro.

Octavio Paz ha escrito, memorablemente, que la aventura de la novela moderna puede resumirse entre dos títulos: *Las grandes esperanzas* y *Las ilusiones perdidas*. Y *Don Quijote* es la primera novela de la desilusión; es la aventura de un loco maravilloso que recobra una triste razón. Nadie ni nada, ni la burla heroica de Tasso, ni el crudo realismo documental de la picaresca, ni la gargantúica, insaciable y aterradora afirmación de la energía excedente del mundo humano lanzada como una alegre maldición contra el vacío de los cielos, en Rabelais, habían concebido, antes de Cervantes, la narración de una aventura de la desilusión y la pérdida.

Quizás, por ello, *Don Quijote* es la más española de todas las novelas. Su esencia poética es definida por la pérdida, la imposibilidad, una ardiente búsqueda de la identidad, una triste conciencia de todo lo que pudo haber sido y nunca fue y, en contra de esta desposesión, una afirmación de la existencia total en la realidad de la imaginación, donde todo lo que no puede ser encuentra, en virtud, precisamente, de esta negación fáctica, el más intenso nivel de la verdad.

Porque la historia de España (y podríamos añadir: la historia de la América Española) ha sido lo que ha sido, su arte ha sido lo que la historia ha negado a España. El arte da vida a lo que la historia ha asesinado. El arte da voz a lo que la historia ha negado, silenciado o perseguido. El arte rescata la verdad de manos de las mentiras de la historia.

Posiblemente, esto es lo que quiso decir Dostoyevski cuando escribió que *Don Quijote* es una novela donde la verdad es salvada por una mentira. La profunda observación del autor ruso va mucho más allá de la relación entre el arte y la historia de una nación. Dostoyevski nos está hablando de la más ancha relación entre lo real y lo imaginario.

Hay un fascinante momento del libro de Cervantes: En Barcelona, Don Quijote rompe definitivamente los amarres de la ilusión realista y hace lo que jamás hicieron Aquiles, Eneas o Roldán: visita una imprenta, entra al lugar mismo donde sus hechos se convierten en objeto, en producto legible. Don Quijote es remitido a su única realidad: la de la literatura. De la lectura salió; a las lecturas llegó. Ni la realidad de lo que leyó ni la realidad de lo que vivió fueron tales, sino espectros de papel. Y sólo liberado de *su* lectura pero prisionero de *las* lecturas que multiplican hasta el infinito los niveles de la novela, sólo desde el centro de su verdadera realidad de papel, solitariamente solo, Don Quijote clama: ¡Crean en mí! ¡Mis hazañas son reales, los molinos son gigantes, los rebaños son ejércitos, las ventas son castillos y no hay en el mundo todo doncella más hermosa que la emperatriz de la Mancha, la sin par Dulcinea del Toboso! ¡Crean en mí!

La realidad puede reír o llorar al escuchar semejantes palabras. Pero la realidad misma es invadida por ellas, pierde sus propias fronteras definidas, se siente desplazada, contagiada por otra realidad de palabras y papel. ¿Dónde terminan el castillo de Dunsinane o el páramo donde Lear y su bufón viven la helada noche de la locura? ¿Dónde

114

termina la cueva de Montesinos y empieza la realidad? Nunca más será posible saberlo porque nunca más habrá *lectura única:* Cervantes ha vencido a la épica en la que se apoyó, ha puesto a dialogar a Amadís de Gaula con Lazarillo de Tormes y en el proceso ha disuelto la normatividad severa de la escolástica y su lectura unívoca del mundo.

Navegante en un mar donde se alternan las tormentas de la renovación y los sargazos de la inmovilidad, Cervantes debe luchar entre lo viejo y lo nuevo con una intensidad infinitamente superior a la de los escritores transpirenaicos que, sin mayores peligros, pueden promover los reinos paralelos de la razón, el hedonismo, el capitalismo, la fe ilimitada en el progreso y el optimismo de una historia totalmente orientada hacia el futuro.

Cervantes, por ejemplo, no puede encarar al mundo con la seguridad pragmática de un Defoe. Robinson Crusoe, el primer héroe capitalista, es un *self-made man,* que acepta la realidad objetiva y en seguida la adapta a sus necesidades mediante la ética protestante del trabajo, el sentido común, la disciplina, la tecnología y, de ser necesario, el racismo y el imperialismo.

Don Quijote es el polo opuesto de Robinson. El fracaso del Caballero de la Triste Figura en materia práctica, es el más gloriosamente cómico de la historia literaria y acaso sólo encuentra equivalentes modernos en los grandes payasos del cine silencioso: Chaplin, Keaton, Laurel y Hardy…

Robinson y Quijote son los símbolos antitéticos de los mundos anglosajón e hispánico.

Américo Castro, en *España y su historia,* la llama «la historia de una inseguridad». Francia ha asimilado su pasado al costo de sacrificios máximos, mediante las categorías del racionalismo y la claridad. Inglaterra lo ha hecho a través de las categorías del empirismo y el pragmatismo. El pasado no es un problema para el francés o el inglés. Para el español, es puro problema, o problema puro. Las pulsaciones de su triple cultura, cristiana, musulmana y judía, laten irresueltas en la cabeza y el corazón de España. El ethos español oscila violentamente entre la exaltación o la pasividad, pero siempre en función de un proyecto trascendente que divorcia y opone los valores absolutos de la vida o la muerte, lo temporal o lo eterno, el honor o el deshonor. España ha sido incapaz de participar de los valores modernos de Europa, definidos por una articulación racional del mundo objetivo y el ser subjetivo. La eficacia política y económica de España, concluye Castro, ha sido escasa; sus aportes científicos y técnicos, relativos; pero su capacidad para el arte ha sido absoluta.

No sé si se pueda establecer como regla inviolable que las obras más grandes del genio español han coincidido con los periodos de crisis y decadencia de la sociedad española. En todo caso, el *Libro de buen amor,* salva y traduce al español la influencia literaria del Califato de Córdoba una vez que el brillante mundo de los omeyas en Al Andalus ha sido destruido por las invasiones de almorávides y almohades. *La Celestina* es la obra maestra de la España hebrea: coincide con la expulsión y persecución de judíos y conversos.

El Siglo de Oro —Cervantes, Lope, Quevedo, Góngora, Calderón— florece a medida que el poder de España se marchita. Velázquez es el pintor de la corte crepuscular de Felipe IV, y Goya el contemporáneo de los Borbones ciegos y venales, Carlos IV y Fernando VII, cuyas coronas les son arrebatadas por Bonaparte y cuyas colonias les son arrebatadas por los criollos rebeldes. Y después de un siglo XIX particularmente desolado, que Sarmiento, con típica fruición parricida —de la cual yo no me juzgo exento olvidando, como buen hispanoamericano, a Clarín, a Larra...— describe diciendo, en 1864, «No hay autores, ni escritores, ni sabios, ni economistas, ni políticos, ni historiadores, ni cosa que valga», sólo la pérdida de los jirones imperiales en la guerra con los Estados

Unidos provocó, traumáticamente, una respuesta en cadena —la generación del 98, Unamuno, Valle-Inclán, Ramón y Cajal, Machado, Ortega, Guillén, García Lorca, Buñuel, Alberti, Cernuda, Prados—: espléndida irrupción cultural brutalmente interrumpida por la dictadura fascista. ¿Qué nacerá de la presión, compresión y represión fascistas en la España de los años por venir? No me atrevo a profetizar. Prefiero limitarme a citar, con un guiño, las palabras de un libertino ilustrado —valga la redundancia—, el célebre Casanova: «Oh, españoles… ¿Quién os sacudirá de vuestro letargo? Pueblo hoy miserable y digno de piedad… ¿Qué necesitas? Una revolución fuerte, un trastorno total, un choque terrible, una conquista regeneradora, pues tu atonía no es de las que se pueden destruir por medios simplemente civilizadores; preciso es el fuego para cauterizar la gangrena que te corroe».

Cervantes no era un Casanova. No miraba la vida española desde las alcobas de los palacios de Venecia. No, su situación era más conflictiva, interiorizada, matizada, sujeta a realidades concretas y a opciones literarias, humanas y políticas más exigentes.

X

Llegamos así al punto en que debemos preguntarnos: ¿cuáles son los valores específicos que Cervantes pretende instalar en el corazón de la realidad: Cervantes, el huérfano del Renacimiento y la Contrarreforma; Cervantes, el novelista que no puede proceder con la claridad racional y la contención imaginativa de una Madame de Lafayette ni con la eficacia pragmática de un Defoe?

La respuesta la encontraremos en la relación Erasmo-Cervantes. *Don Quijote,* extensión española de un elogio de la locura que es idéntico a un elogio de la utopía, contiene una ética del amor y de la justicia. Una realidad moral ocupa el centro de la imaginación de Cervantes, puesto que no puede ocupar el centro de la sociedad en la cual vive Cervantes.

Amor y justicia.

Don Quijote, el loco, está loco no sólo porque ha creído cuanto ha leído. También está loco porque cree, como caballero andante, que la justicia es su deber y que la justicia es posible. Una y otra vez, proclama su credo: «Yo soy el valeroso Don Quijote de la Mancha, el desfacedor de agravios y sinrazones». «La ejecución de mi oficio es deshacer fuerzas y socorrer y acudir a los miserables.»

Sabemos qué clase de gratitud recibe Don Quijote de aquellos a quienes socorre: es burlado y golpeado por ellos. Los pobres y miserables y perseguidos a los que Don Quijote auxilia, no quieren ser salvados por él. Quizás, quieren salvarse a sí mismos. En todo caso, Cervantes no es una Hermanita de la Caridad; observa en el pueblo una capacidad de crueldad semejante a la de sus opresores. El comentario implícito es que una sociedad injusta pervierte a todos sus miembros, los poderosos y los débiles, los de arriba y los de abajo. (Digamos, de paso, que esta lucidez antisentimental ilumina una de las más extraordinarias películas de Buñuel, *Los olvidados.*)

Don Quijote, a pesar de sus constantes desastres como desfacedor de entuertos, nunca desfallece en su fe al ideal de justicia. Es un héroe español: el proyecto trascendente no puede ser herido por los accidentes de la banalidad cotidiana. ¿Y en qué idea se sustenta la búsqueda quijotesca de la justicia? En la de la Utopía de la Edad de Oro.

El tema de la Edad Dorada es común al Renacimiento; pero si no particular, sí es intrínsecamente erasmiano. Recordemos que *El elogio de la locura* fue dedicado a Tomás Moro y que la palabra latina para designar la locura es Moria. El elogio de la locura es el elogio de Moro: es el elogio de la Utopía. Y la Utopía tiene un lugar: el Nuevo Mundo. Moro renuncia a la Utopía de su imaginación para comunicar la noticia de su existencia a Europa: «Si usted hubiese estado en Utopía conmigo —dice el santo en su libro clásico— y hubiera visto sus leyes y gobiernos, como yo, durante cinco años que viví con ellos, en cuyo tiempo estuve tan contento que nunca los hubiese abandonado si no hubiese sido para hacer el descubrimiento de tal mundo nuevo a los europeos».

Pero esta Utopía existe en verdad, y es descrita en detalle por Américo Vespucio: «Los pueblos viven con arreglo a la naturaleza. No tienen propiedad alguna sino que todas son comunes. Viven sin rey y sin ninguna clase de soberanía y cada uno es su propio dueño».

La conquista del Nuevo Mundo es vista como una épica. Las fuerzas en pugna son personificadas por Moctezuma y Cortés. El emperador azteca se rige por la fatalidad. El conquistador español, por la voluntad. Al cabo, ninguno tendrá razón y ambos, el vencido y el vencedor, serán conquistados por las instituciones de la Corona y la Iglesia, del Poder y la Fe. La tercera posibilidad de América era la Utopía, la construcción de una sociedad humana armónica, igualmente exclusiva de la fatalidad opresiva de la teocracia azteca y del culto maquiavélico del poder de los reyes católicos y sus sucesores: Utopía significa que los valores de la comunidad son puestos por encima de los valores del poder. Muchos frailes humanistas viajaron al Nuevo Mundo con las obras de Moro y Campanella. Vasco de Quiroga, en Michoacán, intentó, con éxito, reproducir la sociedad ideal de la *Ciudad del Sol.* La Utopía fue posible en el Nuevo Mundo; también fue de corta duración. Comparemos, de todas formas, las palabras de Tata Vasco y las de Don Quijote.

Quiroga escribió en Michoacán: «Porque no en vano sino con mucha causa y razón éste de acá se llama Nuevo Mundo y eslo Nuevo Mundo, no porque se halló de nuevo, sino porque es en gentes y cuasi en todo como fue aquel de la edad primera y de oro, que ya por nuestra malicia y gran codicia de nuestra nación ha venido a ser de hierro y peor».

Y Don Quijote, una noche, se dirige de esta manera a un grupo de cabreros: «Dichosa edad y siglos dichosos aquellos a quienes los antiguos pusieron nombre de dorados, y no porque en ellos el oro, que en nuestra edad de hierro tanto se estima, se alcanzase en aquella venturosa sin fatiga alguna, sino porque entonces los que en ella vivían ignoraban estas dos palabras de tuyo y mío. Eran en aquella santa edad todas las cosas comunes... Todo era paz entonces, todo amistad, todo concordia... Entonces se decoraban los conceptos amorosos del alma simple y sencillamente, del mesmo modo y manera que ella los concebía... No había el fraude, el engaño ni la malicia mezclándose con la verdad y la llaneza. La justicia se estaba en sus propios términos, sin que la osasen turbar ni ofender los del favor y los del interés, que tanto ahora la menoscaban, turban y persiguen».

Nada de esto, concluye Don Quijote, es cierto en «estos nuestros detestables siglos», y por ello él se ha convertido en caballero andante «para defender las doncellas, amparar las viudas y socorrer a los huérfanos y menesterosos». El concepto quijotesco de la justicia es un concepto del amor. Y a través del amor, la justicia abstracta de Don Quijote adquiere una plenitud concreta.

La poderosa imagen de Don Quijote como un loco que sin cesar confunde la realidad con la imaginación ha hecho que muchos lectores y comentaristas olviden un pasaje, que considero esencial, del libro. En el capítulo XXV de la primera parte de la novela, Don Quijote decide hacer penitencia, vestido sólo con paños menores, entre las peñas de Sierra Morena. Le pide a Sancho que viaje a la aldea del Toboso y allí informe a la dama de sus pensamientos, Dulcinea, sobre los grandes hechos y sufrimientos con los que el caballero la honra. Puesto que Sancho no conoce a ninguna soberana y alta señora llamada Dulcinea en la miserable población del Toboso, persiste en inquirir. En este extraordinario momento, Don Quijote revela que sabe la verdad: Dulcinea, dice, no es otra sino Aldonza Lorenzo, una joven campesina del lugar. Ésta es la «señora de todo el universo» a la cual Sancho debe buscar. Semejante revelación provoca la hilaridad del pícaro escudero; conoce bien a Aldonza, es «moza de chapa, hecha y derecha, y de pelo en pecho», robusta y con un vozarrón que se deja oír a más de media legua; no es nada melindrosa, porque tiene mucho de cortesana; con todos se burla y de todo hace mueca y donaire.

La respuesta de Don Quijote es una de las más conmovedoras declaraciones de amor jamás escritas. Sabe quién es y qué es Dulcinea; sin embargo, la ama, y porque la ama, vale más, dice Don Quijote, que «la más alta princesa de la tierra». Admite que su imaginación ha transformado a la rastrillera Aldonza en la noble dama Dulcinea. Pero, ¿no es ésta la cualidad del amor, que es capaz de transformar a la amada en algo incomparable, único, situado por encima de toda consideración de riqueza o pobreza, distinción o vulgaridad? «Y así —dice Don Quijote— bástame a mí pensar y creer que la buena de Aldonza Lorenzo es hermosa y honesta, y en lo del linaje, importa poco... Yo imagino que todo lo que digo es así, sin que sobre ni falte nada, y píntola en mi imaginación como la deseo... Y diga cada uno lo que quisiere.»

El contenido social, ético y político de *Don Quijote* es obvio en esta reunión del amor y la justicia. El mito de la Edad de Oro es su centro ideal: una utopía de la fraternidad, la igualdad y el placer. La Utopía ha de realizarse, no en la tormenta nihilista que, cada vez, nos obliga a partir de cero, sino en una fusión de los valores que nos vienen del pasado con los valores que somos capaces de crear en el presente. La justicia, insiste Don Quijote, se encuentra ausente de los tiempos actuales; sólo el amor puede darle presencia, y el amor del cual nos habla Don Quijote es un acto democrático, que sobrepasa las distinciones de clase y encarna en la más humilde muchacha campesina. Pero a este amor, en la visión quijotesca, deben otorgársele los valores constantes y antiguos de la caballerosidad, el riesgo personal en la búsqueda de la justicia, la integridad y el heroísmo. En *Don Quijote,* los valores de la edad caballeresca adquieren, a través del amor, una resonancia democrática; y los valores de la vida democrática adquieren la resonancia de la verdadera nobleza. Don Quijote rehúsa por igual el cruel poder de las minorías y la impotencia gregaria de las mayorías. Su visión de la humanidad no se basa en el más bajo común denominador, sino en la excelencia máxima, en el logro más alto posible de valores de amor y justicia que salven a opresores y oprimidos de una opresión que pervierte a ambos: el organicismo medieval y el individualismo renacentista son fundidos por Cervantes en una aspiración a la totalidad desenajenada que, invocando las virtudes de la perspectiva aunque excusándome de los pecados de la anacronía, no me parece demasiado distante, aunque quizá sólo paralela, al concepto de la elaboración dialéctica tal y como lo explica Karel Kosic: «La totalidad dialéctica comprende la creación del conjunto y de la unidad, la unidad de las contradicciones y su génesis. Sólo por la interacción de las partes se elabora la totalidad».

Tal es la actitud mediante la cual Cervantes intenta colmar el abismo entre el viejo y el nuevo mundo. Si su crítica de la lectura es una negación de los aspectos rígidos y opresivos de la Edad Media, también es una afirmación de antiguos valores conquistados por los hombres y que no deben perderse en la transición hacia el mundo moderno. Pero si *Don Quijote* es una afirmación de los valores modernos del punto de vista plural, Cervantes tampoco se rinde ante la modernidad. Es en este punto donde los valores literarios y morales de Cervantes se fusionan en un todo. Si la realidad se ha vuelto plurívoca, la literatura la reflejará sólo en la medida en que obligue a la propia realidad a someterse a lecturas divergentes y a visiones desde perspectivas variables. Pues precisamente en nombre de la polivalencia de lo real, la literatura crea lo real, añade a lo real, deja de ser correspondencia verbal de verdades inconmovibles o anteriores a ella. Nueva realidad de papel, la literatura dice las cosas del mundo pero es *ella misma* una *nueva cosa* en el mundo.

Como si previese todas las fechorías del naturalismo, Cervantes destruye la ilusión de realidad de los personajes de novela, pero le impone al suyo una realidad aún más poderosa y difícil de soportar: le impone una existencia a todos los niveles de la crítica de la lectura. La lectura moral del *Quijote,* en vez de ser impuesta desde arriba por el autor, circula por la criba de las múltiples lecturas de múltiples lectores que están leyendo una obra que está criticando sus propios presupuestos artísticos y éticos. Al radicar la crítica de la creación dentro de la creación, Cervantes ha fundado la imaginación moderna: la poesía, la pintura y la música reclamarán después idéntico derecho de ser en sí mismas y no dóciles imitadoras de una realidad a la que mal sirven reproduciéndola, pues el arte no reflejará *más* realidad si no crea *otra* realidad. A través de un personaje de papel, Cervantes traslada los grandes temas del universo descentrado y del individualismo triunfante, pero azorado y huérfano, al plano de la literatura como eje de una nueva realidad: ya no habrá tragedia ni epopeya, porque ya no hay un orden ancestral restaurable ni un universo único en su normatividad. Habrá niveles múltiples de la lectura que sometan a prueba los múltiples niveles de la realidad.

XI

Resulta que ese pícaro, galeote convicto y falso titiritero, Ginés de Pasamonte, alias Ginesillo de Parapilla, alias Maese Pedro, está escribiendo un libro sobre su propia vida. ¿Está terminado el libro?, pregunta Don Quijote. Y Ginés le contesta: ¿Cómo va a estarlo, si mi vida aún no termina?

Ésta es la última pregunta de Cervantes: ¿quién escribe los libros y quién los lee? ¿Quién es el autor del *Quijote?* ¿Un tal Cervantes, más versado en desdichas que en versos, cuya *Galatea* ha leído el cura que hace el escrutinio de los libros de Don Quijote? ¿Un tal de Saavedra, mencionado por el Cautivo con admiración, en razón de los hechos que cumplió y todo por alcanzar la libertad?

Cervantes, como Don Quijote, es leído por los personajes de la novela *Quijote,* libro sin origen autoral y casi sin destino, agonizante apenas nace, reanimado por los papeles del historiador arábigo Cide Hamete Benengeli, que son vertidos al castellano por un anónimo traductor morisco y que serán objeto de la versión apócrifa de Avellaneda... Puntos suspensivos. El círculo de las lecturas se reinicia. Cervantes, autor de Borges; Borges, autor de Pierre Ménard; Pierre Ménard, autor del Quijote.

Cervantes deja abierto un libro donde el lector se sabe leído y el autor se sabe escrito y se dice que muere, en la misma fecha aunque no en el mismo día que William Shakespeare. Eduardo Lizalde me contaba ayer que Augusto Monterroso sostiene que ambos eran el mismo personaje, que las prisiones y deudas y combates de Cervantes fueron ficciones que le permitieron disfrazarse de Shakespeare y escribir su obra de teatro en Inglaterra; en tanto que el comediante Shakespeare, el hombre de las mil caras, el Lon Chaney isabelino, escribía el *Quijote* en España. Esa disparidad entre los días reales y la fecha ficticia de una muerte común permitió al espectro de Cervantes trasladarse a Londres a tiempo para volver a morir en el cuerpo de Shakespeare. No sé si se trata del mismo personaje, pues los calendarios en Inglaterra y España nunca han sido los mismos, ni en 1615 ni hoy.

Pero sí estoy convencido de que se trata del mismo autor, del mismo escritor de todos los libros, un polígrafo errabundo y multilingüe llamado, según los caprichos del tiempo, Homero, Virgilio, Dante, Cervantes, Cide Hamete Benengeli, Shakespeare, Sterne, Goethe, Poe, Balzac, Lewis Carroll, Proust, Kafka, Borges, Pierre Ménard, Joyce... Es el autor del mismo libro abierto que, como la autobiografía de Ginés de Pasamonte, aún no termina. Con otras palabras, Mallarmé dirá lo mismo que el pícaro de Parapilla: «Un libro ni empieza ni termina; a lo más, hace como si...». Joyce es un novelista del Renacimiento que dialoga íntimamente, mientras se pasea por las plazas italianas, con Nicolás de Cusa, Giordano Bruno y Gianbattista Vico; pero también Homero, el primer aeda de Occidente, y James Joyce, el último, son el mismo ciego. Y escriben el mismo libro abierto: el libro de todos, de tutti, de alles, de tout-le-monde, de everybody.

¡Here Comes Everybody! El título original de *Finnegans Wake* es en sí un programa de libro abierto, de escritura común. Joyce retiene ese «Aquí vienen todos» como uno de los significados de H. C. E., iniciales de su personaje, el soñador proteico H. C. Earwicker. ¿Y qué sueña Earwicker en la larga noche de la estela fúnebre y festiva del héroe popular Tim Finnegan, muerto en apariencia al caer de una escalera y resucitado de su sueño

mortal durante su propio velorio, cuando los do-
lientes/festejantes le rociaban con el buen whiskey ir-
landés? ¿Qué sueña? Lo sueña todo. Pero lo sueña
como una escritura total.

Cervantes y Joyce son los dos ejemplos supre-
mos mediante los cuales la ficción moderna, en
sus extremos, totaliza sus intenciones y se reco-
noce a sí misma. Sus palabras, aunque las sepa-
ran tres siglos, son las *palabras iniciales* de la novela, alfa/omega y omega/alfa. En Cervantes y en
Joyce, es particularmente agudo el conflicto de
la gestación verbal, la lucha entre la renovación
y el tributo debido a la forma anterior; en ellos,
la épica de la sociedad en lucha consigo misma es
también la antiépica del lenguaje en lucha consigo mismo; en ellos, el destino de las palabras es
su origen y el origen de las palabras es su destino. Y las palabras iniciales de los libros que abren
y cierran el ciclo novelesco que va del siglo XVII
a nuestros días superan el conflicto porque instalan la crítica de la creación dentro de sus propias
páginas. En *Don Quijote,* como hemos visto, esa
crítica de la creación es una crítica de la lectura;
en *Ulises* y *Finnegans Wake,* es una crítica de la
escritura.

De la crítica de lo leído a la crítica de lo escrito: de Cervantes a Joyce, víctimas y verdugos de

sus propios libros, ambos a horcajadas entre un orden moribundo y una aventura naciente; ambos educados en la cultura de la Contrarreforma y por ello cargados de las benditas contradicciones que impiden a un Defoe, un Thackeray o un Galsworthy debatirse en la fructífera duda de amar lo que combaten; ambos surgidos de países excéntricos, de países devorados y desvelados por la reflexión sobre su propio ser: España e Irlanda, Hispania y Hesperia, dueñas de la misma raíz, tierras de la doble estrella, Venus, Hesperes, primera luz del crepúsculo y última luz del alba, Venus, estrella-espejo, gemela de sí misma, brillando sobre los pueblos de las tierras de las Vísperas: España e Irlanda, tierras del eterno velorio. Tierras de la espera.

Cervantes desenmascara la épica medieval y le impone los sellos de la lectura crítica. Joyce desenmascara la épica total de Occidente, de Odiseo a la reina Victoria, y la marca con las heridas de la escritura crítica. Sin embargo, tanto Cervantes como Joyce deben servirse de un orden previo de referencias a fin de apoyar en él la materia revolucionaria de sus obras. La novela de caballería en Cervantes. El mundo clásico de la epopeya homérica y el mundo de la escolástica medieval en Joyce. Ambos viajan a las fronteras de la certeza previa a la edad crítica; quizás, sin decirlo, la añoran; pero ambos rechazan la crítica circunstancial o inmediata que el orden moribundo o el orden naciente podrían proponerles, para limitarse a la crítica de la creación literaria como lectura y como escritura. Su crítica es primero la del universo verbal impreso, novedad relativa para Cervantes, gastado palimpsesto para Joyce. Por la inocente rendija paródica de la épica caballeresca se cuela la crítica de todos los fundamentos del orden medieval. Y por encima de la Odisea tragicómica y de la Summa festiva de Joyce se dibuja el aura de cuanto ha sido grave y constante en la historia del mundo posrenacentista. De esta concentración en lo leído y lo escrito nacerá una crítica más corrosiva, más lacerante que cualquier manifiesto de los mundos que Cervantes y Joyce, instantánea y simultáneamente, entierran y anuncian.

Quijote's Wake o *El ingenioso hidalgo Don Finnegan de Irlanda:* ambos partícipes del *Wake* joyceano, funeral y resurrección en una sola palabra que así adquiere esa espantable dilatación de ciertos frescos renacentistas: *Wake,* funeral, carnaveral, festival fúnebre, vigilia de los muertos y despertar de la pesadilla, profunda noche y luminosa aurora, conexión verbal de principio y fin, *the womb y the tomb:* vientre y tumba de las culturas, los libros de Cervantes y de Joyce nos ofrecen con una desesperada convicción el reducto humano de las palabras para decirnos: si todo ha de morir, muramos sin renunciar a lo único que aún puede ser nuestro porque es lo único que es de todos, las palabras; y si todo ha de vivir de nuevo, no viviremos sin nuestras palabras enterradas, resucitadas, salvadas, renovadas, combatidas para devolverles, anunciarles o encontrarles un sentido y, sobre ellas, fundar, otra vez o por última vez, la oportunidad de la existencia.

Mejor que nadie lo ha dicho Octavio Paz: dales la vuelta, cógelas del rabo, azótalas, ínflalas, pínchalas, suérbeles sangre y tuétanos, sécalas, cápalas, písalas, desplúmalas, destrípalas, arrástralas, hazlas, poeta, haz que se traguen todas sus palabras. Loco de la lectura, ¿qué hace Don Quijote sino tragarse todas las palabras? Locos de la escritura, ¿qué hace Joyce sino darles la vuelta, cogerlas del rabo, destriparlas y desplumarlas?

Shem y Shaun, los hijos metamórficos de la saga irlandesa de Finnegan, hablan e imaginan que son árbol y piedra. No son árbol y piedra —todavía— porque hablan y, porque hablan, Don Quijote y Sancho no son ideal y realidad, espíritu y materia, sino precisamente Don Quijote y Sancho, creaciones de las palabras, nombres que son acto que son verbo y que, sin las palabras,

se desvanecerían en el campo de Montiel, menos reales en su abstracción simbólica que cualquier gigante llamado Serpentino de la Fuente
Sangrienta.

XII

Entre Cervantes y Joyce, la novela, que originalmente luchó contra la normatividad del orden medieval definido de acuerdo con signos indudables, debió librar una segunda batalla contra el orden moderno y su propia, discutible normatividad de la producción, el optimismo, el progreso y la salvación individual a través de la energía y del éxito. Bastaría recordar los nombres de Sade, Beckford, Emily Brontë, Flaubert, Melville, Dostoyevski, Proust y Lawrence para evocar la naturaleza de las relaciones entre la novela y la sociedad moderna: es la historia de un divorcio, sí, pero también la de una cohabitación; pareja que se odia pero duerme en la misma cama. La sociedad posrenacentista no podía imponer un código indudable, como lo hizo la Edad Media, ni remontarse a un origen ideal y por antiguo intocable, como lo hizo la Grecia clásica: la modernidad no puede creer en normas invariables sin sacrificar el espíritu crítico que es su legitimación; y carece de pasado ancestral: Napoleón y Rastignac nacieron hoy, sin más blasones que el talento individual, el egoísmo y la ambición. Jane Austen intenta elaborar un código universal de conducta para la clase media; lo rompen el loco amor de Heathcliff y Cathy, la orgullosa demencia del capitán Ahab en su delirante cacería de la ballena blanca, las pasiones querúbicas y demoníacas de los Karamazov. Quizá sólo Stendhal y Balzac alcancen el perfecto equilibrio burgués entre la sensibilidad y la energía. No tardará Marcel Proust en meditar sobre las ruinas de los mundos de Julien Sorel y Lucien de Rubempré. Presente en el ambiguo bautizo del mundo moderno, la novela decide no perderse, por nada del mundo, los funerales de ese mismo mundo. Y en ese largo velorio, en ese *Wake,* la literatura se sabe culpable de uxoricidio.

La ciudad, la Troya moderna, desangrada y patibularia, ha caído. Eliot canta el réquiem de la «ciudad irreal, bajo la parda niebla de un alba invernal». Yeats prevé una segunda natividad, un nuevo milenio; pero después de veinte siglos de pétreo sueño, quizá sólo despertemos para entrar a la pesadilla de una sangrienta redención personificada por la áspera bestia que, al sentir que su hora

ha sonado, se arrastra hacia Belén, hacia Guerni-
ca, hacia Dachau, hacia Hiroshima: surgida de las
arenas del desierto, cuerpo de león y cabeza de
hombre, mirada vacía e implacable como el sol, la
bestia de Yeats presidirá los horrores de la urbe histórica moderna: «Todo se desintegra; el centro no
resiste; una banal anarquía invade al mundo; cre-
ce la opaca marea de la sangre y en todas partes es
ahogada la ceremonia de la inocencia». La ciudad,
la sede y el signo de la civilización, ha caído, vencida por la pesadilla de la historia; la ciudad ha exiliado o asesinado a sus ciudadanos; la ciudad ha
perdido su lenguaje.

El sentido de la escritura está exhausto, como
está exhausta la sociedad que se desangrará en las
dos guerras mundiales que son como las trincheras
históricas de la actividad literaria de Joyce. Y sin
embargo, esa misma sociedad pretende ser dueña
de una escritura única, racional, estilística, realista,
individualista: las palabras poseen un sentido rec-
to, el que le otorgan Rudyard Kipling y el *London
Times,* el que definen los diccionarios, que para
eso están. Pero Joyce no se contenta con los diccionarios; toma el discurso total de Occidente, lo lee
y no lo entiende: el tiempo y el uso y las aventuras
de la épica de una sociedad en lucha consigo misma han gastado todas y cada una de las palabras:

el campo de la escritura está sembrado de cadáveres corruptos, de monedas semánticas adelgazadas hasta la extinción, los huesos verbales blanqueados por el sol de la costumbre; en el muro de la escritura occidental se inscribe secretamente lo que Jacques Derrida llama *la mitología blanca:* una escritura invisible, de tinta blanca, del hombre blanco, deslavada por la historia.

Descifrar la «mitología blanca», re-escribir el verdadero discurso de Occidente, con todas sus cicatrices, sus graffiti, sus escupitajos, sus parodias, sus solecismos, sus anagramas, sus palíndromas, sus pleonasmos, sus onomatopeyas, sus prosopopeyas, sus obscenidades, sus heridas abiertas, sus marcas de cuchillo y de pluma: tal es la descomunal tarea que Joyce se echa a cuestas: comprobar la escritura, como Don Quijote quiso comprobar la lectura. Y como Don Quijote descendió a la cueva de Montesinos para escuchar las palabras iniciales de la perdida Edad de Oro, Joyce parte, «por millonésima vez», «para forjar en el taller de mi alma la conciencia increada de mi raza». Esa raza es una raza cultural: el Occidente, pagano y cristiano, y su triple trama de la libertad errante: la falta mítica de la antigüedad clásica, la herejía medieval y la historia moderna. Nada puede quedar fuera de este proyecto, pues cada palabra del hombre, por banal, corrupta o insignificante que parezca, contiene detrás de su apariencia exhausta y dentro de sus delgadas sílabas todas las simientes de una renovación y también todos los ecos de una memoria ancestral, original, fundadora. Nada es desperdiciable: Joyce abre las puertas a la totalidad del lenguaje, de *los* lenguajes. Verbigratia efectiva. No selección.

Pero así como Cervantes se apoya en la denotación épica para establecer su crítica de la lectura única, Joyce, para dar forma a su radical connotación del lenguaje, acude a una triple trama del orden: la epopeya homérica, la escolástica medieval y la progresión histórica moderna de Vico. Esta *triplicidad* ideológica que ordena en sentidos vertical y horizontal, en profundidad y en extensión, meridiana y paralelamente, en cortes diagonales de tiempos y espacios el *poliedro* de la escritura en Joyce, posee variados y poderosos signos. Occidente se piensa a sí mismo en tríadas. Georges Dumézil ha demostrado que las estructuras y articulaciones religiosas de los indoeuropeos son tripartitas. El cristianismo sería irreconocible sin el dogma trinitario y sin las metamorfosis heréticas del dogma por arrianos, gnósticos, apolinarios y nestorianos. Las escatologías milenaristas de la Edad Media, y en particular *El evangelio eterno* del monje Joaquín de Flora, conciben una progresión apocalíptica en tres etapas, la última de las cuales será presidida por el Anticristo. La sucesión de Roma es vista como una tríada por los mundos bizantino y eslavo: Constantinopla, segunda Roma, teme ser desplazada como «cabeza del mundo» por una tercera y Moscú, al casarse la última heredera de Bizancio, Zoé Paleóloga, con el zar Iván III, asume el destino mesiánico de ser la Tercera Roma: «Y no habrá una cuarta», dicen lo mismo las epístolas ortodoxas que las novelas de Dostoyevski. Vico, al fundar en *La ciencia nueva* el pensamiento moderno de la historia como creación y objeto del conocimiento humano, imagina su desarrollo en tríadas epocales cíclicas y en espiral: edad bárbara, edad heroica y edad clásica, seguida de una nueva barbarie. Las progresiones de Comte, Hegel y Marx se cumplen en tres movimientos e incluso el Reich de Adolfo Hitler será el tercero y vencerá a la Tercera República emanada de la Revolución Francesa, fundadora del tiempo histórico *actual,* como Vico fundó el tiempo histórico *intelectual.* Y en el Tarot, el número tres significa solución armónica del conflicto de la caída, incorporación del espíritu al binario, *fórmula de cada uno de los mundos creados* y síntesis biológica: el hombre con su padre y su madre; con su mujer y su hijo; con su padre y su hijo: Bloom, Molly y Esteban.

Así, *Ulises* y *Finnegans Wake* esconden un orden y una dinámica escatológicos; Joyce utiliza los cortes trinitarios de las ideologías de Occidente como cribas, como cedazos capaces de captar y de filtrar totalmente el lenguaje de Occidente en el momento de un nuevo tránsito, de una nueva pasión: los de la caída de la ciudad individualista moderna y el exilio de sus ciudadanos que ya no se reconocen ni en la religión ni en la familia ni en la patria ni en sí mismos y buscan, sin embargo o por este motivo, el origen de todo, el padre, padre carnal o padre verbal, libertad errante: errabundo Ulises buscado por Telémaco, Dios Padre errante buscado por Giordano Bruno bajo las máscaras de las metamorfosis, padre buscado por Esteban Dédalo, hijo buscado por Leopoldo Bloom, y una tercera persona, Molly, que realiza la unión entre ambos caricaturizando —o invirtiendo— el amor consustancial de las tres personas de la Trinidad.

Arena, circo y templo semánticos, luchan entre sí, se parodian entre sí y comulgan entre sí, en los libros de Joyce, lo orgánico previo y el *caosmos* escritural: triple proceso de destrucción, de construcción y de remontarse al origen mismo de las palabras, más allá de las epopeyas. Las presencias tutelares de Nicolás de Cusa y de Giordano Bruno, cuyas ideas expuse someramente al principio, se confunden con las presencias actuales de Einstein y de Eisenstein, de Webern y Schönberg. Joyce las integra a la escritura, a la metamorfosis de las palabras, a la abolición de centros tonales, a la construcción de la página como campo de posibilidades, a la sustitución de toda relación verbal unívoca e irreversible por una nueva causalidad de fuerzas recíprocas: a la escritura de novelas donde pueden coexistir todos los contrarios vistos simultáneamente desde todas las perspectivas posibles. Pero, ¿pueden llamarse novelas estos libros, estos hechos radicales de la escritura crítica que terminan por significar una demolición de los géneros, una invasión de la escritura por las ciencias fisicomatemáticas, por el cine, por la plástica, por la música, por el periodismo, por la antropología y, sobre todo, por la poesía?

Entre el magma totalizador de los lenguajes y el orden tripartita convocado para darle semblanza formal, existe otro orden evocado y simétrico, en el que encarnan fugazmente las palabras: Esteban, Molly y Bloom; Earwicker, su esposa Ana Livia Plurabelle y sus hijos Shem y Shaun, el escritor y el cartero. Los personajes hablan y sus palabras, mediante la asociación poética, se abren al significado multidireccional, y se despliegan en vastas espirales, en los *corsi e ricorsi* de Vico trasladados a la historia del lenguaje que es lenguaje de la historia. Los personajes son, como el vaso en el poema de Gorostiza, forma transparente, molde pasajero del agua verbal que apenas dicha, derramada, se convierte en palabras escritas: nadie sabe cuánto dice, cuánto evoca, cuánto *escribe* al *hablar:* una palabra dicha —dicha de la palabra— libera una constelación de palabras, de cifras, de ayuntamientos verbales nuevos y antiguos, latentes, premonitorios u olvidados: mediante el calambur, Joyce destruye una palabra para hacer que nazcan otra o varias más de los despojos del vocablo destripado. Así, en su definición misma, *Finnegans Wake* es una scherecharada, un vicociclómetro, un colidoscopio o calidoscopio de colisiones, un proteiformógrafo y un *meandertale,* cuento de meandros, valle de laberintos, cuento contado por y para el hombre de Neanderthal, alba de la conciencia y, en las palabras de Vico, «todo estupor y ferocidad»: los contrarios, como quiso Giordano Bruno, se identifican instantáneamente: alba y ferocidad, conciencia y estupor, todo está inmerso en el río: riverrun, correría, correrías del lenguaje y de la vida: río Liffey, río vital, que acaba por anular el yo de quien habla, ahogarlo en la multiplicación de la escritura y depositar la posesión de las palabras en todos, en everybody, en la comunidad total del lenguaje.

La novelista y crítica francesa Hélène Cixous ha visto que la escritura de Joyce se instala en la *brecha del yo* para desacreditar al sujeto, al tiempo que desacredita el mundo del discurso occidental, transgrediéndolo, connotándolo, dislocándolo y viciando todas sus metáforas tradicionales. El sujeto quiere ser autor, yo, ego; Joyce lo anula con una radical crítica escritural que convierta a las novelas en libros escritos por el uno/plural, por todos y por Joyce, por Joyce que es todos y por todos que son Joyce, Everyman, Odiseo que regresa, no a Ítaca, sino a lo que Gastón Bachelard llama «esa orilla donde nace la palabra». Y en esa orilla, desconocemos el nombre del escritor.

Jung vio en *Ulises* un libro que se liberaba en bloque del mundo antiguo —es decir, no sólo del mundo vivido *hasta* Joyce sino *por* Joyce. Ahora vemos que la crítica de la escritura en Joyce es una crítica de la escritura individual, de la escritura del yo, de la escritura única, como la crítica de la lectura en Cervantes desintegró la lectura única, la lectura jerárquica, la lectura épica. Y la novedad de la *Joyceización* es que inscribe la *desyoización* dentro del proceso total de la economía del lenguaje, desde su origen paradójica y estremecedoramente silencioso, hasta su producción y consumo actuales y clamorosos. Como Marx hizo la crítica radical de la economía de las cosas, Joyce hace la crítica radical de la economía de las palabras.

Para Joyce, esa economía se expresa como lujo y desgaste; su pródiga escritura es la de Proteo, el héroe de las metamorfosis. Georges Bataille da cuenta de la ruptura de la economía del trueque por la del *potlatch* o don que crea una economía del desgaste o de la pérdida con el propósito de poner fin a la estabilidad de las fortunas dentro de la economía totémica que lo era, típicamente, de manos muertas. El *potlatch* rompe el *statu quo* conservador y erige en su lugar un principio contrario a la conservación: fiestas y espectáculos, juegos, ceremonias fúnebres prolongadas, guerras, cultos, artes y actividad sexual pervertida. Gracias a una analogía delirante, la economía se asimila primitivamente a la naturaleza, «cuyos recursos son excesivos y para la cual la muerte es un sinsentido», en tanto que la existencia particular corre siempre el riesgo de carecer de recursos y de sucumbir.

Fiesta, espectáculo, duelo, batalla, ceremonia, actividad literaria pervertida, atentado contra toda la cultura previa, contra el sujeto tradicional, contra las distinciones entre exterioridad e interioridad, bien y mal, idea y naturaleza, epopeya crepuscular de la estupidez y epopeya auroral de un nuevo logos, exilio circular de Dédalo y Bloom en los laberintos de la ciudad caída, sueño sin principio ni fin de Finnegan, la escritura de Joyce es un *potlatch,* que rompe el régimen tradicional de la narración y modifica la norma avara del trueque entre escritor y lector, la norma colombiana del melés y teleo. Melés, teles y noslés, le dice Joyce al lector, te ofrezco un *potlatch,* una propiedad excrementicia de las palabras, derrito tus lingotes de oro verbal y los arrojo al mar y te desafío a hacerme un regalo superior al mío, que es el don asimilado a la pérdida, te desafío a que leas mis/tus/nuestras palabras de acuerdo con una nueva legalidad por hacerse, te desafío a que abandones tu perezosa lectura pasiva y lineal y participes en la re-escritura de todos los códigos de tu cultura hasta remontarte al código perdido, a la reserva donde circulan las palabras salvajes, las palabras del origen, las palabras iniciales.

Cervantes, Joyce y la soledad de la literatura. Uno vive en la ciudad renaciente, la ciudad fénix; el otro, en la ciudad caída, la ciudad buitre. Pero ambos pronuncian las palabras ceniza del final y las palabras llama del inicio. Ambos plantean, uno al nivel de la crítica de la lectura y el otro al nivel de la crítica de la escritura, la crítica de la creación dentro de la creación: sus libros son poemas desdoblados que toman su propia génesis como ficción: poesía de la poesía, cantando el nacimiento del poema. Saben que el mundo quiere que la literatura sea todo y sea otra cosa: filosofía, política, ciencia, moral. ¿Por qué esta exigencia? —se pregunta Bachelard. Porque la literatura está siempre en comunicación con los orígenes del ser parlante, allí mismo donde filosofía, política, moral y ciencia se vuelven posibles.

Pero cuando ciencia, moral, política y filosofía descubren sus limitaciones, acuden a la gracia y a la desgracia de la literatura para que resuelva sus insuficiencias. Y sólo descubren, junto con la literatura, el divorcio permanente entre las palabras y las cosas, la separación entre el *uso* representativo del lenguaje y la *experiencia* del ser del lenguaje. La literatura es la utopía que quisiera reducir esa separación. Cuando la oculta, se llama épica. Cuando la revela, se llama novela y poema: la novela y el poema del Caballero de la Triste Figura en su lucha por hacer que coincidan las palabras y las cosas; la novela y el poema del artista adolescente asesinado por las cosas y resucitado por las palabras.

Pero las cosas no son de todos y las palabras sí; las palabras son la primera y natural instancia de la propiedad común. Entonces, Miguel de Cervantes o James Joyce sólo pueden ser dueños de las palabras en la medida en que no son Cervantes y Joyce, sino todos: son el poeta. El poeta nace después de su acto: el poema. El Poema crea a sus autores, como crea a sus lectores. Cervantes, lectura de todos. Joyce, escritura de todos.

México, D. F, julio de 1972; París, agosto de 1975.

Bibliografía conjunta

En la medida en que el presente ensayo y mi novela *Terra Nostra,* nacen de impulsos paralelos y obedecen a preocupaciones comunes, indico a continuación la bibliografía gemela de ambas obras.

Alfonso X, el Sabio, *El ajedrez de don Alfonso el Sabio,* Juan B. Sánchez Pérez, ed., Madrid, Tipografía La Franco Española, 1929.

——, *El fuero real de España,* Medina del Campo, glosado por A. Díaz de Montalvo, 1544.

——, *Las siete partidas del rey D. Alfonso el Sabio,* cotejadas con varios códices antiguos por la Real Academia de la Historia, París, R. Bouret, 1851.

Aguado Bleye, Pedro, *Manual de Historia de España,* Madrid, Espasa Calpe, 1954.

Allendy, Rene, *Le Symbolisme des Nombres,* París, Chacornac, 1921.

Bettenson, Henry, ed., *Documents of the Christian Church,* Nueva York, Londres, Oxford University Press, 1967.

Blanco White, José María, prólogo de Juan Goytisolo, *Obra inglesa,* Buenos Aires, Formentor, 1972.

Brehier, Emile, *La philosophie du Moyen Age,* París, Editions Albin Michel, 1971.

Bruno, Giordano, *Opere latine,* Nápoles, Florencia, F. Fiorentino, 1879-1891.

Bertrand, Louis, *Phillipe II a L'Escorial,* París, L'arrisan du livre, 1929.

Bataille, Georges, *La part maudite,* París, Minuit, 1967.

Cabello Lapiedra, Luis Ma., *La batalla de San Quintín,* Madrid, Voluntad, 1927.

Cabrera de Córdoba, Luis, *Historia de Felipe Segundo, Rey de España,* Madrid, Aribau, 1876.

Catejón, Agustín de, *Funeral de Reyes,* Madrid, Zúñiga, 1738.

Cameron, Rondo, manuscrito inédito.

Castro, Américo, *El pensamiento de Cervantes,* Madrid, Imprenta de la Librería y Casa Editorial Hernando, 1925.

——, *España en su Historia,* Buenos Aires, Losada, 1948.

——, *La realidad histórica de España,* México, Porrúa, 1973.

Cervantes Saavedra, Miguel de, *El ingenioso hidalgo Don Quijote de la Mancha,* Madrid, Aguilar, 1951.

Cixous, Héléne, «Le discrédit du sujet», en *Poétique V,* París, Seuil, 1970.

Cohn, Norman, *The Pursuit of the Millenium,* Londres, Mercury, 1962.

Collingwood, R. G., *The idea of History,* Nueva York, Oxford University Press, 1956.

Cortés, Hernán, *Cartas de relación,* México, Porrúa, 1960.

Cusano, Nicolás, Cardenal, *Opera,* Frankfurt-am-Main, Minerva, 1962.

Danvila y Collado, Manuel, *El poder civil en España,* Madrid, Manuel Tello, 1885.

Derrida, Jacques, «La Mythologie Blanche», en *Poetique V,* París, Seuil, 1970.

Díaz del Castillo, Bernal, *Historia verdadera de la conquista de la Nueva España,* México, Porrúa, 1955.

Domínguez Ortiz, Antonio, *El antiguo régimen: los reyes católicos y Austrias,* Madrid, Alianza Universidad, 1973.

Dostoyevski, Fedor M., «A lie is Saved by a Lie», en *The Diary of a Writer,* Vol. II, trad. por Boris Brasol, Nueva York, Scribner's, 1949.

Dumas Alejandro; Goldoni, Cario; Moliere; Molina, Tirso de; Pushkin, Alexander; Rostand, Edmond; Zorrilla, José: *Don Juan en el drama,* Buenos Aires, Futuro, 1944.

Eco, Umberto, *L'Oeuvre Ouverte,* París, Seuil, 1965.

Erasmo, Desiderio, *The Praise of Folly,* traducido por Hoyt Hope-well Hudson, Princeton, Princeton University Press, 1947.

Fernández Montaña, José, *Los arquitectos escurialenses,* Madrid, Hijos de Gregorio del Amo, 1924.

Ferrer del Río, Antonio, *Historia del levantamiento de las comunidades de Castilla,* Madrid, Mellado, 1850.

Ficino, Marsilio, *Opera,* Basilea, Ex Officina Henriepetrina, 1576.

Flore, Joachim de, *L'Evangile Eternel,* París, Rieder,1928.

Foucault, Michel, *Les Mots et les Choses,* París, Gallimard, 1966.

Francastel, Pierre, *Etudes de sociologie de Vart,* París, Denoël, 1971.

Galilei, Galileo, *Le opere di Galileo Galilei,* Florencia, G. Barbera, 1890-1909.

García de Cortázar, J. A., *La época medieval,* Madrid, Alianza Universidad, 1973.

Garibay K., Ángel María, *Historia de la literatura náhuatl,* México, Porrúa, 1953.

Gibbon, Edward, *The Decline and Fall of the Román Empire,* Londres, Dent, 1927-1936.

Gilman, Stephen, *The Spain of Fernando de Rojas,* Princeton, Princeton University Press, 1972.

Godoy, Manuel de, *Memorias de Don Manuel Godoy, Príncipe de la Paz,* Gerona, V. Oliva, 1839-1841,6 vols.

Hamilton, Earl J., *American Treasure and The Rise of Capitalism,* Londres, The London School of Economics, 1929.

Hardison, O. B,, manuscrito inédito.

Ibn Hazm, Ali ibn Ahmad, *El collar de la paloma,* trad., por Emilio García Gómez, Madrid, Sociedad de Estudios y Publicaciones, 1952.

Ímaz, Eugenio, *Topia y Utopía,* México, Fondo de Cultura Económica, 1946.

Jackson, Gabriel, *The Making of Medieval Spain,* Londres, Thames and Hudson, 1972.

Jordán de Asso y del Río, Ignacio, *Instituciones del derecho civil de Castilla,* Madrid, Imp. Real de la Gazeta, 1780.

Joyce, James, *Ulysses,* Nueva York, Modern Library, 1942.

——, *Finnegans Wake,* Londres, Faber y Faber, 1939.

Kamen, Henry, *La inquisición española,* Barcelona-México, Grijalbo, 1967.

Keynes, John Maynard, *A treatise on Money,* Londres, Macmillan, 1930.

Koenisgberger, Helmut C, *Estafes and Revolutions,* Ithaca, Cornell University Press, 1971.

León-Portilla, Miguel, *Visión de los vencidos,* México, UNAM, 1959.

Levin, Harry, *Contexts of Criticism,* Cambridge, Harvard University Press, 1957.

López Portillo y Weber, José, *La conquista de la Nueva Galicia,* México, Lib. Font, 1935.

Lotringer, Sylvere, «Le Román Impossible», en *Poetique,* París, III, 1970.

López de Gomara, Francisco, *Historia de la Conquista de México,* México, Robredo, 1943.

McDonell, Ernest W., *The Beguines and Beghards in Medieval Culture,* Nueva York, Octagon, 1969.

Maravall, José Antonio, *Las comunidades de Castilla,* Madrid, Revista de Occidente, 1963.

Marqués-Riviere, Jean, *Histoire des Doctrines Esotériques,* París, Payot, 1971.

Maura, Duque de, *Vida y reinado de Carlos II,* Madrid, Espasa-Calpe, 1942.

Migne, Jacques-Paul, ed., *Encyclopédie théologi que, ou Serie de dictionnaires sur toutes les parties de la science religieuse,* París, Chez l'éditeur, 1845-1873,168 vols.

Ortega y Gasset, José, *Obras completas,* Madrid, Revista de Occidente, 1957.

Paz, Octavio, *El arco y la lira,* México, Fondo de Cultura Económica, 1967.

Petitot, Claude Bernard, *Mémoires Relatifs a l'Histoire de France,* París, Foucault, 1823.

Pía Dalmau, José M., *El Escorial y Herrera,* Gerona-Madrid, Dalmau Caries, Pía, 1952.

Portables Pichel, Amancio, *Maestros mayores, Arquitectos y Aparejadores de El Escorial,* Madrid, Roldan, 1952.

Quevedo, Francisco de, *Obras completas,* Madrid, Aguilar, 1967, 2 vols.

Rojas, Fernando de, *La Celestina,* Madrid, Consejo superior de investigaciones científicas, 1958.

Ruiz, Juan, Arcipreste de Hita, *Libro de Buen amor,* Madrid, Espasa Calpe, 1959.

Reeves, Marjorie, *The Influence of Prophecy in the Later Middle Ages,* Londres, Oxford University Press, 1969.

Sánchez Albornoz, Claudio, *La España musulmana,* Madrid, Espasa Calpe, 1973,2 vols.

Strauss, Leo, *Persecution and the Art of Writing,* Glencoe, Illinois, The Free Press, 1952.

Sigüenza, Fray José de, *La fundación del monasterio de El Escorial,* Madrid, Aguilar, 1963.

Seaver, Henry Latimer, *The Great Revolt in Castille,* Nueva York, Octagon Books, 1966.

Sahagún, Bernardino de, *Historia General de las Cosas de la Nueva España,* México, Porrúa, 1956.

Segre, Arturo, *Emmanuele Filiberto,* Turín, Paravia, 1928.

Tomás de Aquino, Santo, *Suma contra los gentiles,* Madrid, Editorial Católica, 1967-1968, 2 vols.

——, *Suma teológica,* Madrid, Editorial Católica, 1954-1964, 16 vols.

Valbuena Prat, Ángel, ed., *La novela picaresca española,* Madrid, Aguilar, 1966.

Weinstein, Leo, *The Metamorphoses of Don Juan,* Stanford, California, Stanford University Press, 1959.

Yates, Frances A., *The Art of Memory,* Londres, Penguin, 1969.

Cervantes o la crítica de la lectura de Carlos Fuentes
se terminó de imprimir en agosto de 2023
en los talleres de
Litográfica Ingramex, S.A. de C.V.
Centeno 162-1, Col. Granjas Esmeralda, C.P. 09810
Ciudad de México.